KB209183

복음의 시작

도입부로 읽는 네 편의 복음서

모나 D. 후커 지음 · 양지우 옮김

이 도서의 국립중앙도서관 출판시도서목록(CIP)은
서지정보유통지원시스템 홈페이지(http://seoji.nl.go.kr)와
국가자료공동목록시스템(http://www.nl.go.kr/kolisnet)에서
이용하실 수 있습니다. (CIP제어번호: CIP2020002145)

Beginnings:
Keys that Open the Gospels

복음의 시작
도입부로 읽는 네 편의 복음서

모나 D. 후커 지음 · 양지우 옮김

비아

| 차례 |

일러두기

· 역자 주석의 경우 *표시를 해 두었습니다.

· 성서 표기와 인용은 원칙적으로 『공동번역개정판』(1999)을 따르되 원문과 지나치게 차이가 날 경우에는 대한성서공회판 『새번역』(2001)을 따랐으며 한국어 성서가 모두 원문과 차이가 날 경우에는 옮긴이가 직접 옮겼음을 밝힙니다.

· 단행본 서적의 경우 『 』표기를, 논문이나 글의 경우 「 」, 음악 작품이나 미술 작품의 경우 《 》표기를 사용했습니다.

인간이란 종이
버텨낼 만한 진실은 그리 많지 않으니.
지난 때와 올 때가
그랬을 법함과 그러했음이
한 지점을 가리켜, 늘 지금 있는 거기.

T. S. 엘리엇, 『사중주 네 편』, 번트 노튼 1 中

책을 펴내며

    이 책은 1996년 9월부터 10월까지 빅토리아 존 앨버트 홀에서 강의한 내용을 정리한 결과물입니다. 강의를 기획하고 저를 초대해 주신 브리티시 컬럼비아 교구와 빅토리아 대학교 종교사회연구소에 깊이 감사드립니다.

    강의한 내용을 그대로 담아 출판하는 것이 이상적일 수도 있겠지만, 저는 독자들이 글을 읽을 때 도움을 얻을 수 있을 만한 각주들을 추가하고 함께 읽어 볼 만한 책 목록을 덧붙여 두었습니다. 전체적인 내용을 소개한 책과 논문의 경우에는 따로 각주를 달아 설명하지는 않았습니다. 강의 원고에 관해 의견을 준 이버 H. 존스Ivor H. Jones에게 특별한 감사를 전합니다. 또한 T. S. 엘리엇T.S.Eliot의 『사중주 네 편』Four Quartets의 인용을 허락해 준 파버 출판사에 감사를 표합니다.

들어가며

이 책에서는 복음서의 도입부가 얼마나 중요한지, 특히 도입부가 독자에게 이후 펼쳐지는 내용을 이해할 수 있도록 어떤 도움을 주는지를 다루려 합니다. 우리는 배경이 되는 시간이나 장소, 혹은 인물의 정체를 밝히지 않은 채 이야기를 전개하는 소설을 읽어나갈 때, 한 장 한 장 넘기며 애써 책이 보여주는 그림을 더듬어 나가야 할 때 겪는 당혹스러움을 알고 있습니다. 소설이 분명한 정보를 제시하여 우리가 향해야 할 바를 일찌감치 알려준다면 책 읽기가 얼마나 수월할까요? 모든 책이 그렇습니다. '독자 친화적'인 책은 이야기를 시작하면서 저자의 의도와 내용에 관해 명료한 정보를 제공합니다.

때로 저자들은 글을 시작하는 단락에 뒤에서 다룰 주제를 간략하게 언급합니다. 고대의 편지들은 대부분 이러한 방식으로 시작했습니다. 그렇기에 바울의 편지 도입부에 나오는 감사 인사에서 이러한 특징을 발견할 수 있다는 것은 그리 놀라운 일이 아닙니다.[1]

고대 세계의 작가들은 첫 문단에서 책의 목적과 범위를 다루며 이 부분을 일종의 서문으로 활용했습니다. 루가 역시 자신의 복음서 첫 네 절에서 이러한 작업을 수행했습니다. 극작가들은 관객(독자)들이 극을 이해하는 데 필요한 정보를 제공합니다. 셰익스피어Shakespeare가 그 좋은 예입니다. 『헨리 5세』Henry V의 서막에서 그는 극의 나머지 부분을 어떻게 감상해야 할지를 제시합니다.* 때에 따라 이 정보는 이야기

---

[1] 이러한 지점은 슈베르트Paul Schubert에 의해 처음 제기됐다. Paul Schubert, *The Form and Function of the Pauline Thanksgivings*, BZNTW 20 (1939). 나는 이 의견을 다음 글에서 제기한 바 있다. '1Thessalonians 1.9~10: A Nutshell - But What Kind of Nut?' in *Geschichte - Tradition - Reflexion. Festschrift für Martin Hengel zum 70* (Mohr (Siebeck), 1996), 435~448.

* 『헨리 5세』 서막의 내용은 대략 다음과 같다. "착하신 여러분 모두, 영감 없는 밋밋한 영혼들이 감히 이 보잘것없는 바닥에 가져오려 했군요. ... 여러분의 상상력이 작용케 하십시오. 상정하세요. 이 벽들 테두리 안에 지금 갇혀 있는 것이 강력한 군주국 두 개라고, 높이 치솟으며 인접한 두 나라 변경을 위태롭고 좁은 해협이 둘로 가른다고. ...

가 어떻게 끝맺게 될지에 대한 암시도 담고 있습니다. 복음서의 경우 우리는 이야기에 관한 배경 지식, 복음서 저자가 의도했던 독서 방식에 관한 안내, 이야기의 결말에 관한 암시를 전달받습니다.

여러분이 도서관이나 서점에 들러 어떤 책을 집어 들었다면, 아마 그 책의 겉표지와 제목에 끌렸기 때문일 것입니다. 책을 빌릴지 혹은 구매할지 결정하기 전에 여러분은 그 책이 표지와 제목에 맞는 책인지 확인하고자 책 표지에 적힌 편집자의 안내문을 읽고, 목차를 살피고, 서문과 서론을 확인할 것입니다. 오늘날 책의 제목과 책 표지, 안내문, 목차와 서문에 담긴 정보가 고대에는 글의 첫 단락에 담겨있어야 했습니다. 복음서 저자들도 이러한 방식으로 책에 관한 정보를 우리에게 전달했습니다. 이것이 각 복음서의 여는 말에 주의를 기울여야 하는 이유입니다.

각 부분마다 상상의 힘을 불어넣어 주세요. 생각하세요. 우리가 말 얘기를 하면, 눈에 그것이 보인다고. ... 이 역사를 안내하는 코러스 역으로 저를 받아 주십시오. 그리고 프롤로그 역으로 여러분의 겸손한 인내심에 비노니 부디 부드럽게 들어 주시고, 친절하게 평해 주십시오. 우리들의 작품을."

하느님의 아들 예수 그리스도의 복음의 시작은 이러하다. 예언자 이사야의 글에 기록하기를, "보아라, 내가 내 심부름꾼을 너보다 앞서 보낸다. 그가 네 길을 닦을 것이다. 광야에서 외치는 이의 소리가 있다. '너희는 주님의 길을 예비하고, 그의 길을 곧게 하여라'" 한 것과 같이, 세례자 요한이 광야에 나타나서, 죄를 용서받게 하는 회개의 세례를 선포하였다. 그래서 온 유대 지방 사람들과 온 예루살렘 주민들이 그에게로 나아가서, 자기들의 죄를 고백하며, 요단 강에서 그에게 세례를 받았다. 요한은 낙타 털옷을 입고, 허리에 가죽 띠를 띠고, 메뚜기와 들꿀을 먹고 살았다. 그는 이렇게 선포하였다. "나보다 더 능력이 있는 이가 내 뒤에 오십니다. 나는 몸을 굽혀서 그의 신발 끈을 풀 자격조차 없습니다. 나는 여러분에게 물로 세례를 주었지만, 그는 여러분에게 성령으로 세례를 주실 것입니다." 그 무렵에 예수께서 갈릴리 나사렛으로부터 오셔서, 요단 강에서 요한에게 세례를 받으셨다. 예수께서 물 속에서 막 올라오시는데, 하늘이 갈라지고, 성령이 비둘기같이 자기에게 내려오는 것을 보셨다. 그리고 하늘로부터 소리가 났다. "너는 내 사랑하는 아들이다. 내가 너를 좋아한다." 그리고 곧 성령이 예수를 광야로 내보내셨다. 예수께서 사십 일 동안 광야에 계셨는데, 거기서 사탄에게 시험을 받으셨다. 예수께서 들짐승들과 함께 지내셨는데, 천사들이 그의 시중을 들었다. (마르 1:1~13)

01

극적인 열쇠

마르코 복음서 1:1~13

끝이란 우리가 시작한 그곳[1]

신약성서를 이루는 27권 중 대다수는 편지입니다. 우리는 이 책들을 '서신'epistle이라는 고상한 이름으로 부르곤 하지만, 그 말은 똑같이 편지letter라는 뜻입니다. 서신들이 본래 받는 이가 정해진 편지라는 사실을 깨닫는 데는 큰 어려움이 없습니다. 고대 세계의 여느 편지가 그렇듯 신약성서의 서신들은 "친애하는 누구에게"로 시작해 편지를 보내는 이가 누구인

---

1   T.S. Eliot, *Four Quartets*, Little Gidding 5. 『사중주 네 편』(문학과지성사)

지 알리고, 안부 인사로 끝맺습니다. 그러나 신약성서의 첫 네 권은 다릅니다. 이 책들은 '복음서'Gospel라는 이름으로 특별하게 분류됩니다. 이 책들은 어떤 책일까요? 우리는 이 문서 꾸러미들을 자주 봐왔기에 이 책들을 잘 알고 있다고 생각합니다. 그러나 막상 신약성서의 복음서들과 같은 다른 책이 있는지 생각해보면 쉽게 떠오르는 책이 없을 것입니다.

이 책들이 예수라는 사람에 관해 이야기한다는 이유로 사람들은 종종 복음서를 예수의 전기biography로 보곤 했습니다. 그러나 복음서를 전기로 본다면 매우 이상한 전기입니다. 어떤 전기가 마르코 복음서처럼 인물의 어린 시절에 관해서는 일절 말하지 않은 채 어른이 된 시점부터 시작하나요? 어떤 전기가 요한 복음서처럼 거대한 신학적 진술과 함께 이야기를 시작하나요? 윈스턴 처칠Winston Churchill이나 리처드 3세Richard III를 다루는 여러 전기를 읽은 분이라면 어떠한 전기 작가도 순전히 객관적일 수만은 없다는 사실을 깨달으셨을 것입니다. 그렇기에 우리는 복음서 저자들에게 특정한 의도가 있었다고 하더라도 놀랄 필요는 없겠습니다. 하지만 저 책들은 왜 '복음서', 즉 '기쁜 소식을 담은 책'이라 불리는 것일까요? 이 책들을 쓴 사람들은 분명 한 인물에 관해 객관적으로 서술하려 하지 않았습니다. 그들은 그리스도에 대한 신앙을 널리 전하기 위해 이 글들을 남겼습니다. 복음서의 저자들은 복음을 전하는 자였으며 그들의 목표는 독자들이 '복음'의 진리를 받아들이도록 하는 것이었습니다.

우리가 기억해야 할 첫 번째 사실은 이 책들이 '읽히기' 위해서가 아니라 '들려주기' 위해 쓰였다는 것입니다. 우리는 활자로 인쇄된 글에 너무 익숙해서 신문이나 잡지가 없던 세상, 컴퓨터의 문서 작성 프로그램이 아니라 손으로 한 자 한자 글자를 적어야 했던 세상, 단어 하나하나를 베끼는 지난한 과정을 통과해야만 사본 한 권이 완성되던 세상을 상상하지 못합니다. 이와 마찬가지로 글을 듣는 데 익숙한 사람들이 살던 세상 또한 상상하지 못합니다. 그 세계에서 책은 희귀한 물건이었습니다. 몇몇 사람만이 책을 소유하던 시절에, 그리스도교 공동체가 복음서 한 권을 베껴 갖게 되었다면 그 책을 보물로 여겼을 것입니다. 복음서는 무엇보다도 그리스도교 공동체를 위해 쓰였습니다. 후에 복음서들의 사본은 다른 지역, 다른 도시에 자리한 그리스도교 모임을 위해 만들어졌고 전해졌을 것입니다. 초기 그리스도교 공동체가 예배드리기 위해 모여 있는 모습을 상상해봅시다. 그들은 낭독되는 복음서를 들으려 애썼을 것입니다. 여기서 '듣는 것'과 '읽는 것' 사이에 놓인 커다란 차이를 염두에 두어야 합니다.

무언가 들을 때, 우리는 듣는 내용을 놓쳐버리거나 잊지 않기 위해 주의를 집중합니다. 하지만 무언가를 읽는다면 우리는 언제든 지나쳐 버린 부분, 애매한 부분으로 되돌아가 다시 읽는 것이 가능합니다. 읽는 일은 우리를 게으른 청중으로 만들었습니다. 어떤 이들은 청중이 주의를 집중할 수 있는 시간이 고작 몇 분 이내라고 말하기도 합니다. 그렇지만 청중이 낭독되는 이야기를 잘 따라가도록 돕는 방법이 있습니다. 짧고 선명한 문장을 준비하는 것입니다. 이야기 중간에 같은 말을 반복하거나 비슷하게 들리는 말을 자주 사용해 듣는 이들이 명확하게 알아듣게 하는 것도 하나의 방법일 수 있겠습니다. 시를 생각해보십시오. 시의 후렴구는 낭독되는 이야기의 응집력을 높입니다. 산문에서 사용되는 요약은 우리가 그때까지 본 내용의 핵심을 받아들일 때 도움을 줍니다. 무언가를 읽을 때 우리는 처음 등장하는 장, 문단, 중요한 지점을 강조하는 굵은 글씨 등을 통해 더 길고 복잡한 문장을 이해할 수 있습니다. 전체적인 글의 전개를 파악하기 위해 글의 이곳저곳을 옮겨가며 살필 수도 있습니다. 그래서 저도 강의를 준비할 때는 책을 쓸 때와는 다른 방식으로 원고를 준비합니다. 책에서는 긴 문장을 사용하는 데 반해 강의를 준비할 때는 상대적으로 짧은 문장을 쓰곤 하지요.

복음서를 공부할 때 오늘날 우리는 의자에 앉아 이 책을 한 자 한 자 세세히 읽어나갈 수 있지만, 이 방식이 과거 첫 번째 독자(청중)에게 적용되지는 않았다는 사실을 기억해야 합니다. 그들은 현대 학자들이 분석할 때 주로 사용하는 방식, 하나의 글을 여러 부분으로 쪼개고 또 쪼개어 이해하는 방식으로 복음서를 다룰 수 없었습니다. 그들은 그리스도교 공동체로 함께 모여 '복음', 기쁜 소식을 듣는 방식으로 복음서를 읽었습니다. 심지어 첫 번째 복음서가 기록되기 이전부터 그리스도교인들은 이를 행했습니다. 공동체에서 구성원들은 (아마도 특정한 순서로 정리되지 않은) 개별 이야기들을 말하고 들음으로써 이 소식을 나누고 전했습니다.

마르코가 전하는 이야기를 함께 앉아 경청하는 초기 그리스도교 공동체를 상상해보십시오. 학자들의 논쟁이 이어지고 있긴 하지만, 대체로 마르코 복음서가 가장 이른 시기에 쓰였다고 여겨지기에 이 복음서부터 다루어 보도록 하겠습니다. 마르코의 생생한 언어를 들을 때 청중들은 그가 묘사하는 장면을 선명하게 상상할 수 있었을 것입니다. 청중들은 갈릴래아(갈릴리)에서 예수의 말을 듣고 있는 군중과 함께 모인 자신들, 또 예루살렘으로 향하는 예수를 뒤따르는 제자들을 상상할 수 있었습니다. 청중들은 자신을 따르라고 말하는 예수의 권능을 느끼고 이에 응답할 수 있었습니다. 그들 앞에 연기하는 배우는 없었겠지만 그들은 낭독되는 드라마를 들으며 이에 깊은 영향을 받았습니다. 이 드라마는 관객의 참여를 촉구하고 있었기 때문입니다.

마르코 복음서가 하나의 드라마로 기능했으리라는 생각은 매력적인 발상입니다. 마르코 복음서 본문을 자세히 분석해 보면 동시대에 쓰인 그리스 드라마와의 흥미로운 유사성을 드러냅니다. 아리스토텔레스Aristotle에 따르면 전형적인 비극은 다음과 같이 전개됩니다. 먼저 비극적인 상황이 일어나게 된 배경이 '복잡한 갈등'complication으로 제시됩니다. 그리고 그 속에서 비극을 피할 수 없게 하는 다양한 사건이 벌어집니다. 이후 이야기의 '전환점'turning point 혹은 '반전'reversal이 뒤따르는데 여기서는 발견 혹은 인식의 순간이 나타나고 인물들은 무슨 일이 일어났는지를 얼핏 알아차리게 됩니다. 이제 드라마는 여태껏 숨겨왔던 이야기의 본질을 열어젖히고 '대단원'denouement(해결untying), 즉 비극이 해소되는 결말을 맞습니다.[2] 아리스토텔레스는 비극이 시작하는 첫 장면을 '프롤로그'prologue[3]라고 불렀는데, 실제 드라마에서도 이 지점

---

2 Aristotle, *Poetics* 10~11, 18. 『수사학/시학』(숲)

3 Aristotle, *Poetics* 12.

에서 관객들이 극을 이해하는 데 필요한 정보를 제공했습니다.[4] 모든 것은 '에필로그'epilogue와 함께 끝맺습니다.

마르코 복음서에서 드러나는 흥미로운 사실은 이야기가 절반 즈음 진행되었을 때에 매우 분명한 전환점이 나타난다는 것입니다. 필립보의 가이사리아(빌립보의 가이사랴) 근처에서 베드로는 예수의 정체가 그리스도(메시아)라고 고백합니다.[5] 여기서부터 이야기의 성격은 극적으로 바뀝니다. 이 지점에 다다르기 전에는 예수가 전한 권위 있는 가르침과 그가 행한 기적이 끼친 영향이 마르코의 주된 관심사였습니다. 제자들은 이에 응답했고 종교 지도자들은 적개심을 드러냈습니다. 그러나 여기서부터 초점은 예수에게 닥쳐올 수난으로 옮겨갑니다. 이후에 등장하는 많지 않은 수의 가르침과 기적은 예수를 따르는 이들을 향해 있고, 제자도의 본질을 다루

---

4 Aristotle, *Rhetoric* III. 14.

5 "예수께서 제자들과 함께 필립보의 가이사리아 지방에 있는 마을들을 향하여 길을 떠나셨다. 가시는 도중에 제자들에게 "사람들이 나를 누구라고 하더냐?" 하고 물으셨다. "세례자 요한이라고들 합니다. 그러나 엘리야라고 하는 사람들도 있고 예언자 중의 한 분이라고 하는 사람들도 있습니다" 하고 제자들이 대답하였다. "그러면 너희는 나를 누구라고 생각하느냐?" 하고 예수께서 다시 물으시자 베드로가 나서서 "선생님은 그리스도이십니다" 하고 대답하였다. 그러자 예수께서는 자기 이야기를 아무에게도 하지 말라고 단단히 당부하셨다." (마르 8:27~30)

고 있습니다. 필립보의 가이사리아에서 이루어진 깨달음, 예수에 관한 인식은 앞으로 이어질 복음서 절반의 새로운 주제를 드러냅니다. 피할 수 없는 십자가가 전면에 등장하는 것입니다. 아리스토텔레스는 드라마의 이 지점이 종종 아이러니를 불러온다고 말합니다. 관객들은 사건의 전모를 이해했지만, 극 속의 인물들은 이를 깨닫지 못하기 때문입니다. 그렇다면 청중은 무슨 일이 일어나고 있는지 어떻게 이해할 수 있었던 것일까요? 바로 사건의 의미를 열어젖히는 정보, 극의 의미를 여는 열쇠를 이야기의 시작, 곧 프롤로그에서 이미 전해 받았기 때문입니다.[6]

이 지점에서 여러분은 제 이야기에 중요한 문제가 있다고 지적하고 싶을지도 모릅니다. 복음서 이야기는 비극과는 다르지 않냐고 말이지요. 많은 이는 복음서가 비극과는 전혀 다른 장르의 글이라고 여겨왔고, 또 여전히 그렇게 생각하고 있습니다. 맞습니다. 복음서가 전하는 복음, '기쁜 소식'과 비극이 전하고자 하는 바는 분명 다릅니다. 하지만 어떤 층위, 평범한 인간의 눈에 복음서의 이야기는 비극처럼 보이고, 이야기에 등장하는 몇몇 인물에게도 마찬가지입니다. 복

---

6 마르코 복음서를 드라마라는 문학 양식으로 이해하려는 논의는 내 저서 『복음서의 시작』The Beginning of the Gospel에 담겨있다.

음서가 전하는 이야기의 진실을 알아차릴 수 있는 이는 이 이야기의 프롤로그와 결론을 읽은 이들뿐입니다. 그들만이 마르코가 진실이라 부른 무언가를 깨달을 수 있습니다. 바로 하느님의 아들, 예수 그리스도의 복음 말입니다.

그렇다면 마르코는 이 이야기를 극적인 형태로 적으려 의도했던 것일까요? 그는 그리스 드라마를 알고 있었을까요? 그가 활동하던 당시 팔레스타인 지역을 포함한 지중해 동쪽 세계에는 연극이 열리던 원형극장이 있었습니다. 마르코가 극을 본 적이 있거나 이에 영향을 받았을 가능성은 충분합니다. 어쩌면 마르코는 본능적으로 자신의 복음서를 이런 식으로 썼을지도 모릅니다. 어찌 되었든 아리스토텔레스는 이미 존재했던 것들을 분석했을 뿐이니 말이지요. '극이 어떻게 진행되어야 할지'를 알려주는 규칙이 정해지기 전에 극작가들은 이미 극을 쓰고 있었다는 사실을 기억해야 합니다. '무엇을 어떻게 했느냐'는 논리적인 분석은 누군가 무엇을 이미 행한 후에 이루어지기 마련입니다. 마르코는 단지 자신의 이야기를 자연스러운 방식으로 전달하기 위해 이러한 방식을 택했을 것입니다. 그렇다면 그의 방식은 가장 자연스러운 것이었을까요? 예수가 누구인지를 밝히는 것으로 이야기를 시작하는, 어떻게 보면 이야기의 결론에서 출발한다고도 할 수 있는 마르코의 방식은 자연스러운 것이었을까요? 마르코가 택한 서술 방식은 추리 소설에서 사건의 정황을 말하기도 전에 범인의 정체를 미리 알리는 것과 다름이 없습니다. 오늘날 우리의 눈에 이런 시도는 어리석어 보입니다. 그러나 우리는 당시 마르코의 이야기를 '듣고' 있었을 청중들이 예수에 관한 다양한 이야기들을 이미 알고 있었다는 사실을 기억해야 합니다. 이러한 배경에서만 우리는 마르코가 왜 이러한 방식으로 이야기를 시작하는지 이해할 수 있습니다. 그는 우리가 이 이야기를 자신이 원하는 방식으로 듣기를 원했고, 자신이 강조하는 예수의 특정한 모습에 주의를 기울이기를 바랐습니다. 이야기가 진행되면서 우리는 다른 방식으로 보았다면 놓쳤을지도 모를 부분들에 눈길을 돌리게 됩니다.

마르코 복음서와 그리스 극을 비교하는 일이 의미가 있다면, 프롤로그는 매우 중요한 부분으로 다루어져야 합니다. 프롤로그는 우리가 이야기를 이해하는 데 필수적인 정보를 담고 있습니다. 복음서를 여는 구절, 복음서의 프롤로그에 집중해봅시다. 어떤 구절들을 눈여겨보아야 할까요? 본래 이야기와는 거리가 있어 보이는, 이야기 자체보다는 프롤로그에 따로 속해있는 듯한 구절은 무엇일까요?

이 질문에 답하기 위해서 우리는 프롤로그에서 찾을 수

있을 만한 요소들을 고려해야 합니다. 프롤로그는 극이 시작될 때 배우가 나와서 전달하기도 하고[7], 코러스가 이어지는 장면을 설명할 때도 있습니다.[8] 때로는 신이나 여신이 이를 전하기도 하지요.[9] 프롤로그는 이어지는 내용을 관객들이 이해할 수 있도록 돕는 이야기를 첫 장면으로 제시합니다. 성서의 욥기는 그 좋은 예입니다. 욥기 1~2장은 욥이 고통을 겪게 된 원인을 묘사하고 독자들에게 왜 욥이 고통을 겪고 있는지 설명합니다(정작 욥 자신은 이를 모릅니다). 이러한 정보는 종종 '이전까지의 줄거리'를 제시하는 시작점이 됩니다. 관객이 극을 이해할 수 있도록 정보를 제공하는 장치가 따로 없던 시기에 무대 위에 오른 인물이 누구인지, 그가 서 있는 배경은 무엇인지 설명하는 일은 매우 중요한 일이었습니다. 전체 상황에 관한 지식을 전달하는 구절들을 통해 고대 관객들은 극의 등장인물에 대해 이전까지는 알지 못했던 정보를 얻었습니다. 인물들 각자는 알지 못하더라도 그들이 맺

---

7 에우리피데스Euripides의 『메데이아』Medea와 『엘렉트라』Electra를 참조하라. 『에우리피데스 비극 전집』(숲)

8 아이스퀼로스Aeschylus의 『페르시아인들』Persians을 참조하라. 『아이스퀼로스 비극 전집』(숲)

9 에우리피데스Euripides의 『힙폴뤼토스』Hippolytus에서 처음 장면을 여는 아프로디테와 아이온의 말, 그리고 이를 전달하는 헤르메스의 말을 참조하라.

고 있었을 관계, 멀리 떨어진 곳에서 일어난 사건들, 드라마에 등장하는 사람들은 전혀 예상치 못하는 미래의 일들이 극을 시작하는 시점에 관객들에게 전달되었고 이로써 이 모두를 조망할 수 있게 된 관객들은 배우의 대사를 이해하는 데 이점을 갖게 되었습니다. 이제 그들은 설령 인물들이 관여하지 않아도 일어나는 극 중 사건의 의미를 이해할 수 있습니다. 일어나는 사건과 관련해 신과 같은 위치에서 보는 것, 사건 모두를 아우르는 시각을 갖게 되는 것이지요.

마르코 복음서에 관한 여러 주석을 살펴본다면 이 복음서를 여는 부분에 관해 다양한 의견이 개진되고 있음을 알 수 있습니다. 어떤 학자들은 복음서의 처음 열다섯 절이 프롤로그에 해당한다고 주장합니다.[10] 그들은 "예수 그리스도에 관한 복음의 시작"이 첫 구절이며 예수가 갈릴래아에서 하느님의 복음을 선포한 15절까지가 복음서를 여는 부분이라고 지적합니다. 두 차례 등장하는 "복음"이라는 표현을 준거 삼아 이 열다섯 절이 이야기의 나머지 부분과 구분된다는 것이지요. 그러나 저는 두 차례 등장하는 "복음"이라는 표현이 한 이야기의 시작과 끝을 의미한다기보다는 각각 나란히 놓

---

10 Leander Keck, *The Introduction to Mark's Gospel*. NRSV 성서 번역자는 이 의견을 따라 15절 이후에 여백을 남겨뒀다.

인 두 부분의 시작을 나타낸다고 봅니다. 그렇다면 이야기는 예수가 갈릴래아로 들어가서 하느님의 복음을 선포하는 문장으로 시작하겠지요. 이 복음서를 시작하는 절들의 구조에만 집중하기보다는 그 내용에 주목해 본다면, 1절부터 13절까지의 내용이 나머지 이야기와 구분된다는 사실을 알아차리기란 그리 어렵지 않습니다. 이 구절들이 전달하는 정보는 아무리 보아도 평범하지 않습니다. 이 구절들은 갈릴래아에 출현한 예언자의 모습을 다루는 구절과는 상이합니다. 예언자가 출현한 사건은 일상적인 사건은 아닐지라도 실현 불가능한 사건은 아니었습니다. 그러나 하늘에서 목소리가 들려오고, 천사와 사탄이 출현하는 이야기는 분명 우리가 아는 일상의 세계 너머에 있습니다.

아리스토텔레스가 연극의 프롤로그를 '시작'이라고 했듯 마르코는 "예수 그리스도에 관한 복음의 시작"이라는 말을 통해 우리에게 일종의 프롤로그를 제공한 것으로 보입니다. 이 부분에는 그가 우리와 나누고자 했던, 우리가 그의 이야기를 듣기 시작할 때 꼭 기억해야 할 정보가 담겨있습니다. 그의 프롤로그를 살펴봅시다. 이는 그가 우리에게 건넨, 우리가 뒤따르는 이야기를 이해할 수 있도록 그가 제공한 열쇠입니다.

하느님의 아들 예수 그리스도에 관한 복음의 시작. (마르 1:1)

이 구절은 그가 앞으로 우리에게 전할 이야기가 얼마나 중요한지 지적합니다. 그가 전하는 이야기는 복음입니다. 우리가 아는 한 마르코는 이러한 저작에 처음으로 '복음'a Gospel이라는 이름을 붙인 사람입니다. 그가 여기서 사용한 '복음'이란 말은 이러한 종류의 책들을 가리키는 말이 되었습니다. 마르코가 이 글을 쓰던 당시 '복음'이란 말은 특별한 의미가 있던 말은 아니었습니다. 이러한 이름을 가진 작품이 그 이전에는 통용되지 않았기 때문입니다. '복음'이란 단어는 문자적으로 '기쁜 소식'을 의미합니다. 그러나 성서에서 이 말은 각별한 의미를 지니고 있습니다. 즉 성서에서 '복음'은 매우 특별한 '기쁜 소식'을 뜻합니다. 70인역 성서역본 Septuagint(구약성서 그리스어 역본)에서 "기쁜 소식을 선포하다"라는 말은 하느님의 구원을 선포하는 일을 뜻합니다. 마르코는 이 말을 통해 자신이 하느님께서 자신의 백성을 구원하는 기쁜 소식을 전하고 있음을 독자에게 알립니다. 그리고 이 소식은 예수 그리스도, 하느님의 아들인 메시아 예수에 관한 이야기입니다.

　"하느님의 아들"이란 표현을 마르코가 직접 썼는지에 대해서는 이견이 있습니다. 가장 이른 시기에 만들어졌으며 보존 상태가 훌륭한 일부 사본에는 이 표현이 나타나지 않으니 이 문제는 잠시 남겨두기로 하지요(조금 뒤에 이 문제를 다시 다루겠습니다). 마르코가 우리에게 분명히 말하고자 하는 것은 예수가 메시아라는 사실입니다. 오늘날 그리스도교인인 우리는 이 말을 들었다고 해서 별달리 들뜨거나 흥분하지는 않습니다. 우리는 '그리스도'(메시아)라는 말을 마치 누군가의 이름 앞에 붙은 성姓처럼 여깁니다. 그리스도교라는 말 자체가 예수가 그리스도, 곧 메시아임을 믿는 믿음이니 말입니다. 물론 복음은 예수 그리스도에 관한 이야기입니다. 예수가 그리스도 곧 메시아이며 이 말이 뜻하는 의미 그대로 기름 부음 받은 사람이기에 뒤따르는 이야기가 기쁜 소식인 것입니다. 그럼에도 우리는 이야기 속 대부분의 등장인물이 이를 깨닫지 못하고 있음을, 어렴풋이 짐작하는 이조차 거의 없음을 이미 알고 있습니다. 그러니 이 이야기의 구조를 이해하려 한다면 이야기를 접하는 우리가 이미 특별한 정보를 공유하고 있음을 알아야 합니다.

마르코가 예수 그리스도에 관한 복음을 시작하면서 우리에게 말하고자 했던 첫 번째 이야기는 이 복음이 '예언자 이사야의 예언에 기록되어 있는 대로' 일어났다는 사실입니다.

예언자 이사야의 글에 "이제 내가 일꾼을 너보다 먼저 보내
니 그가 네 갈 길을 미리 닦아 놓으리라" 하였고, 또 "광야에
서 외치는 이의 소리가 들린다. '너희는 주의 길을 닦고 그
의 길을 고르게 하여라'" 하였다. (마르 1:2~3)

독자가 이 기쁜 소식을 이해하려면 이 소식이 몇 세기 전에
등장했던 위대한 예언자가 전한 예언의 성취라는 사실을 깨
달아야 합니다.

　인용문에 담긴 세 가지 흥미로운 지점에 관해 살펴보도록
하지요. 우선 마르코는 구약성서의 구절을 잘 인용하지 않습
니다. 복음서 전체를 살펴보았을 때 이 부분은 저자로서 마
르코가 구약성서를 직접 인용한 유일한 부분입니다. 물론 복
음서 속 인물의 입을 빌려 구약성서의 몇몇 구절을 언급하는
장면은 등장하지만, 이 복음서의 다른 어디에도 저자가 뒤로
물러서 성서에 "기록되어 있는 대로" 어떤 일이 일어났다고
지적하는 장면은 나타나지 않습니다. 이후 계속 확인하게 되
겠지만, 이 점에서 그는 마태오와 매우 다릅니다. 이러한 정
보는 우리에게는 꽤 사실적으로 보이지만 평범하지는 않습
니다. 이 성서 인용구는 이야기를 이해하는 열쇠 중 하나이
며 앞으로 일어나는 이야기에 등장하는 이들에게는 알려지

지 않은 중요한 단서입니다.

인용문에 관한 두 번째 흥미로운 지점은 마르코가 인용한 부분이 정확하지 않다는 점입니다. 구절 일부는 분명 이사야서에 나타나지만, 일부는 출애굽기와 말라기에 담긴 구절들이 뒤섞여 있는 듯 보입니다.[11] 그가 유일하게 성서를 인용한 부분에서조차 저자를 잘못 언급했다는 사실은 마르코가 다소 부주의한 인물이었음을 시사합니다. 하지만 그렇다고 그를 비난할 수는 없습니다. 오늘날에는 성서에 적힌 용어 색인을 통해, 심지어는 컴퓨터에서 클릭 한 번으로도 그 구절이 무엇을 인용했는지를 손쉽게 확인할 수 있지만, 마르코에게는 그러한 지름길이 없었습니다. 성서가 기록된 두루마리를 일일이 확인하는 작업은 지난한 작업이었고, 심지어 그는 글을 쓰며 직접 앞에 가져다 놓고 볼 두루마리를 갖고 있지도 않았을 것입니다. 그는 기억에 의존해 복음서를 적어나갔을 것입니다. 게다가 마르코는 위대한 예언자 이사야가 오래

---

11 "이제 내가 너희 앞에 한 천사를 보내어 길에서 너희를 지켜 주며, 내가 예비하여 둔 곳으로 너희를 데려가겠다." (출애 23:20)
"내가 나의 특사를 보내겠다. 그가 나의 갈 길을 닦을 것이다. 너희가 오랫동안 기다린 주가, 문득 자기의 궁궐에 이를 것이다. 너희가 오랫동안 기다린, 그 언약의 특사가 이를 것이다." (말라 3:1)
"한 소리가 외친다. '광야에 주님께서 오실 길을 닦아라. 사막에 우리의 하느님께서 오실 큰길을 곧게 내어라'" (이사 40:3)

전 약속했던 그 일이 일어났다는 사실에 매우 흥분해 있었을 것이고, 그래서 그는 전체 구절을 그의 예언서에서 인용했다고 말했습니다. 오늘날 우리가 보더라도 이사야서에서 무엇보다 중요한 내용은 하느님께서 미래에 그의 백성을 구원하신다는 약속이지 않습니까? 예언자들은 어떤 일꾼이 이스라엘의 구원을 가져올 주님의 길을 예비하리라고 약속했습니다. 마르코는 이 장면을 통해 성서가 성취되었음을 보여주려 했습니다. 희망하고 고대하던 시간이 지나고 마침내 약속이 실현된 것입니다.

흥미로운 또 하나의 지점은 복음서를 소개하는 인용문이 예수를 직접 겨냥하지는 않는다는 것입니다. 인용문이 가리키는 일꾼은 세례자 요한입니다. 성서의 예언은 예수가 등장하기도 전에 이미 성취되었습니다. 그러나 예언이 성취되었기에 우리는 일꾼 이후에 등장하는 인물이 주님이라는 사실을 깨닫게 됩니다.

복음서 저자는 이 장면을 지나 세례자 요한에게 초점을 맞춥니다. 이제 새로운 장면은 요한이 회개하고 세례를 받으라고 설교하는 광야에서 시작됩니다. 마르코가 이 생각을 얼마나 이상하게 표현하는지 살펴봅시다. 우리는 마르코가 광야에서 회개의 세례를 받는 군중들을 묘사하리라고 기대하지만, 마르코는 요한이 광야에서 회개의 세례를 선포했다고만 말합니다. 요한이 선포를 했다는 사실을 강조한 이유는 그가 이사야가 말한 광야에서 외치는 이의 소리를 염두에 두고 있었기 때문입니다. 그래서 요한이 광야에서 외치는 이로 나타난 것입니다. 예언은 성취되었습니다. 우리는 요한이 약속된 일꾼임을 압니다. 요한이 무엇을 입고 있었는지, 그가 무엇을 먹었는지는 그의 정체를 확인해 줍니다. 낙타털 옷을 입고 허리에 가죽 띠를 두르고 있었다는 표현은 그가 기존 체제를 거부한 인물이라는 사실을 말하려는 것이 아닙니다. 당시 예언자들은 그러한 옷차림을 했고, 그렇기에 이 장면에 등장한 요한을 바라보는 순간, 독자들은 그가 예언자임을 한눈에 알아차리게 됩니다. 구약성서를 좀 더 잘 알고 있다면 그의 옷이 열왕기하 1:8에 등장하는 예언자 엘리야와 닮아있음을 깨달을 수 있었을 것입니다.[12] 또한 요한은 메뚜기와 들꿀을 먹었다고 전해지는데, 이러한 표현은 그가 광야에 살고 있었음을 우리에게 알려줍니다. 복음서를 읽다 보면 예수가 자신의 세 제자에게 요한이 주님의 날이 오기 전

---

12 "그들이 대답하였다. "가죽으로 아랫도리를 가리고 몸에는 털옷을 걸친 사람이었습니다." 이 말을 듣고 왕은 "틀림없이 디스베 사람 엘리야다!" 하면서 오십인대장을 부하를 딸려 엘리야에게 보냈다." (2열왕 1:8~9)

에 돌아온다던 예언자 엘리야임을 말하는 장면이 등장합니다.[13] 본문에서는 이 이야기가 제자들에게만 전해졌지만, 이 이야기를 전해 듣는 우리 청중들은 처음부터 이 사실을 마음에 은밀히 간직하게 됩니다.

요한이 일꾼이라면 그의 과업은 이사야가 말했듯 주님의 길을 준비하는 것입니다. 그는 회개의 세례를 선포하고 군중이 삶을 돌이켜 주님의 오심을 준비하라고 요구합니다. 마르코는 요한의 선교가 성공적이었다고 말하는데 온 유대와 예루살렘의 모든 사람이 요한에게 몰려들었으며 요르단강에서 세례를 받고 죄를 고백했다고 전합니다. 이 말이 문자적으로 사실이라면 모든 마을과 도시는 텅 비게 되었을 것입니다. 마르코는 극적인 표현을 활용했던 것이지요. 왜 이러한 방식을 택했을까요? 그가 심혈을 기울여 완성하고자 했던 바는 일꾼이 자신의 사명을 수행했다는 것입니다. 그는 회개를 촉구했고 주님의 길을 준비했습니다.

마르코가 전한 요한의 말은 간략하면서도 초점이 분명합니다. 마태오와 루가 복음서는 세례자 요한의 설교에 관해더 자세하게 보도하지만 마르코가 관심을 집중한 것은 요한

---

13 "너희에게 말해 두거니와, 사실은 성서에 기록된 대로 엘리야는 벌써 왔었고 사람들은 그를 제멋대로 다루었다." (마르 9:13)

이 일꾼으로서 자신의 역할을 수행했다는 사실입니다. 마르코가 요약한 요한의 선포로 인해 독자가 요한 다음에 등장하는 인물에게 주의를 집중하게 된다는 사실을 눈여겨봅시다. 요한은 세 번이나 자신 다음에 등장할 이가 자신보다 위대하다고 강조합니다. 그는 먼저 "나보다 더 능력이 있는 이가 내 뒤에 오신다"고 말합니다. 여러분은 이 대목에서 "훌륭한"이라는 형용사를 예상했을지도 모릅니다. 그러나 요한은 "능력이 있는"이라는 표현을 사용합니다. 무엇 때문일까요? 이후 드라마가 진행되면서 우리는 예수가 자신의 힘을 계속 사용하고 있음을, 특히 사탄을 물리치는 힘을 사용한다는 사실을 발견합니다. 3장에서 우리는 그가 전하는 비유를 듣는데, 거기서 사탄은 매우 강력한 존재이며 더 강한 누군가에게만 굴복당하는 존재이지요(더 강한 누군가가 예수임은 분명합니다).

또 악한 귀신들은 예수를 보기만 하면, 그 앞에 엎드려서 외쳤다. "당신은 하느님의 아들입니다." 그러면 예수께서는 "나를 세상에 드러내지 말아라" 하고, 그들을 엄하게 꾸짖으셨다. 예수께서 산에 올라가셔서, 원하시는 사람들을 부르시니, 그들이 예수께로 나아왔다. 예수께서 열둘을 세우시고 (그들을 또한 사도라고 이름하셨다.) 이것은, 예수께서 그들을 자기와 함께 있게 하시고, 또 그들을 내보내어서 말씀을 전파하게 하시며, 귀신을 쫓아내는 권능을 가지게 하시려는 것이었다. (마르 3:11~15)

5장에서 마르코는 여러 악령에 사로잡혀 정신이 나간 한 인물을 전하는데 그는 군대의 힘을 가지고 있었습니다.

여러 번 쇠고랑과 쇠사슬로 묶어 두었으나, 그는 쇠사슬도 끊고 쇠고랑도 부수었다. 아무도 그를 휘어잡을 수 없었다. 그는 밤낮 무덤 사이나 산 속에서 살면서, 소리를 질러 대고, 돌로 제 몸에 상처를 내곤 하였다. 그가 멀리서 예수를 보고, 달려와 엎드려서 큰소리로 외쳤다. "더없이 높으신 하느님의 아들 예수님, 나와 무슨 상관이 있습니까? 하느님을 두고 애원합니다. 제발 나를 괴롭히지 마십시오." 그것은 예수께서 이미 그에게 "악한 귀신아, 그 사람에게서 나가라" 하고 명하셨기 때문이다. 예수께서 그에게 물으셨다. "네 이름이 무엇이냐?" 그가 대답하였다. "군대입니다. 우리의 수가 많기 때문에 붙여진 이름입니다." 그리고는, 자기들을 그 지역에서 내쫓지 말아 달라고 예수께 간청하였다. 마침 그 곳 산기슭에 놓아 기르는 큰 돼지 떼가 있었다. 귀신들이 예수께 간청하였다. "우리를 돼지들에게로 보내셔서, 그것들 속으로 들어가게 해주십시오." 예수께서 허락하시니, 악한 귀신들이 나와서, 돼지들 속으로 들어갔다. 거의 이천 마리나 되는 돼지 떼가 바다 쪽으로 비탈을 내리달아, 바다에 빠져 죽었다. (마르 5:4~13)

여기서 예수는 악령을 다룰 수 있는 유일한 인물, 강력한 힘을 가진 인물로 등장합니다. 세례자 요한의 말이 예수를 이르는 말임을 알고 있는 여러분과 저는 그가 강력한 이유를 잘 알고 있지만, 이야기 속 등장인물들은 눈앞에서 벌어진 일에 놀라움을 금치 못하며 압도됩니다.

물론 요한에 뒤이어 등장하는 이는 요한보다 훌륭하기도 합니다. 요한은 자신이 "몸을 굽혀 그의 신발 끈을 풀어드릴 만한 자격조차 없는 사람"이라고 말합니다. 요한이 말하고자 했던 바는 더없이 분명해집니다. 누군가의 신발 끈을 푸는 일은 노예가 하는 천한 일이고, 유대인들은 그 누구에게도 이렇게까지 행동하지는 않습니다. 그러나 요한은 뒤따르는 이에게 자신은 이러한 일조차 할 수 없다고 말하며 자신의 부족함을 드러냅니다. 우리는 요한이 길을 예비하는 이가 다름 아닌 주님임을 이미 알고 있기에 요한이 자신을 낮추는 것을 이해할 수 있습니다. '주님'이라는 말은 구약성서에서 하느님만을 가리키니 말이지요.

세 번째로 요한은 물로 세례를 베푸는 자신과 뒤이어 등장해 성령으로 세례를 베풀 인물을 대조합니다. 요한의 세례는 진정한 세례를 준비하는 세례, 회개의 세례이지만 예수의 세례는 하느님의 힘을 통한 세례입니다. 그 힘은 모든 것을 부수고 다시 창조하며 모든 것을 쓸어내고 새롭게 할 것입니다. 요한의 세례는 이어질 예수의 일을 가리키는 극적인 행동이기에, 후에 예수가 자신의 일을 요한의 일과 연결하는 것이 놀랍지는 않습니다. 11장 27~33절에서 예수는 자신의 권위가 어디서 왔냐는 질문을 받습니다. 예수는 "요한이 세례를 베푼 것은 하늘에서 권한을 받아 한 것이냐? 사람에게서 받아 한 것이냐?"하고 묻는 이들에게 질문을 되돌려줍니다. 이 말에 함축된 의미는 분명합니다. 요한의 권위가 하느님에게서 왔다면 예수의 권위도 마찬가지일 것입니다. 요한은 자신이 하는 일의 의미를 충분히 설명했습니다.[14]

마르코가 요한에 관해 말한 모든 것은 우리의 관심을 요한의 뒤를 이어 등장하는 인물에게 집중시킵니다. 요한은 그

---

14 Morna D. Hooker, *The Signs of a Prophet* (SCM Press and Trinity Press International, 1997), 9~13, 24~31.

저 누군가를 가리키는 이정표, 요르단 강 옆에 서서 아직 등장하지 않고 무대 뒤에 있는 누군가를 가리키는 인물일 뿐이었습니다. 예수가 요르단 강에 도착해 세례받는 장면을 전하는 9절에서 우리는 이 인물이 요한이 말했던 그 사람임이 분명하다고 확신하게 됩니다.[15] 즉 그가 예언자 이사야가 약속했던 주님인 것입니다. 이 장면들을 통해 마르코가 말하고자 했던 것은 무엇일까요? 곧 살펴보겠지만 마르코가 하느님과 예수를 동일하게 여겼다고 보기는 어렵습니다. 그러나 그가 예수의 등장advent이 구원, 심판과 함께 다가오시는 하느님의 등장과 같다고 주장하는 것은 분명합니다.

이상한 점은 요한이 예수를 알아보지 못한다는 사실입니다. 예수는 세례받기 위해 요한에게 나아왔지만, 요한이 예수가 누구인지 알아차렸다는 이야기는 마르코 복음서에서 찾아볼 수 없습니다. 그는 정말로 이정표였을 뿐입니다. 요한은 우리가 아는 바를 알지 못합니다. 우리가 기대했던 인물이 예수라는 사실에 대해 어떤 의심도 품지 않는다면, 이를 확신하게 하는 것은 하늘에서 옵니다.

---

15 "그 무렵에 예수께서는 갈릴래아 나자렛에서 요르단 강으로 요한을 찾아와 세례를 받으셨다." (마르 1:9)

물에서 올라오실 때 하늘이 갈라지며 성령이 비둘기 모양으로 당신에게 내려오시는 것을 보셨다. 그때 하늘에서 "너는 내 사랑하는 아들" 하는 소리가 들려왔다. (마르 1:10~11)

이어지는 마르코의 드라마에는 예수가 누구인지를 묻는 다양한 물음이 등장하고, 이에 대한 다양한 대답이 주어집니다. 한 가지 확실한 것은, 하늘에서 들려온 음성이 올바른 대답임이 틀림없다는 것입니다. 여기, 처음부터 우리는 예수가 누구인지를 들었습니다. 하지만 그 말들이 뜻하는 바는 무엇일까요? 그리스도교 전통이 수 세기 동안 이어지면서 우리는 예수가 "하느님의 아들"이라 불릴 때 이 말이 그의 신성을 가리킨다고 생각해왔습니다. 그러나 저는 마르코가 '신성'이라는 말을 이해하고 있었을지 의문입니다. 그는 한 번도 그런 말을 사용하지 않습니다. '신성'Divinity은 추상적이고 철학적인 개념입니다. 마르코는 자신의 이야기를 풀어가는 데 이러한 단어를 사용하지도, 필요로 하지도 않았습니다. "아들"이란 단어는 특정한 관계를 뜻합니다. 그러나 그 관계가 반드시 육체적일 필요는 없습니다. 구약성서에서 이스라엘이라는 나라와 그 나라의 왕은 "하느님의 아들"로 불렸습니다. 그들은 하느님과 특별한 관계에 있었던 것이지요. 또한 "아들"은 다른 사람을 따르는 이를 지칭할 때도 쓰였습니다. 예를 들어 바울은 그리스도인들을 "아브라함의 자손(아들)"이라 불렀는데 그들이 아브라함의 신앙을 이어받았기 때문입니다. 따라서 우리가 예수를 하느님의 아들이라고 말할 때, 우리는 그가 하느님 같음을, 하느님의 특성과 권한을 가졌다고 말하는 동시에 예수가 왕, 혹은 이스라엘의 역할을 맡았다는 사실을 말하고 있는 것입니다. 특별한 관계를 지칭하는 이 1세기 개념은 아버지에게 아들이 순종해야 한다는 뜻도 담고 있습니다. 예수는 하느님을 충분히 기쁘게 해드렸기에, 우리는 그가 하느님께 철저하게 순종했다는 사실을 잘 알고 있습니다.

마르코 복음서 본문에 등장하는 하늘의 음성은 예수만을 향해 있고, 다른 이가 이 소리를 들었다는 내용은 나타나지 않습니다. 우리는 예수가 하늘이 열리는 것을 보았고 하느님의 성령이 예수에게 내렸다고 전해 들었습니다. 하지만 그 누구도 이를 직접 목격하지는 못했습니다. 실제로 무슨 일이 일어났는지 그 누구도 알지 못합니다. 하지만 마르코가 전하는 예수 이야기를 듣는 우리는 성령이 내려오고 음성이 울려 퍼졌음을 압니다. 우리는 이야기 속 예수 외에는 누구도 알지 못했던 사실, 장차 그가 어떤 말과 행동을 하든지 하느님의 권위를 가지고 하느님의 힘을 통해 말하고 행동하게 될 것이라는 사실을 가장 먼저 알고 있습니다.

성령(하느님의 영)은 기이한 방식으로 일합니다. 다음 장면에서 예수를 광야로 이끌고 가 사탄에게 시험을 받고 유혹을 당하게 하는 이는 성령입니다. 우리는 그곳에서 어떤 일이 있었는지 거의 듣지 못합니다. 단지 예수가 광야에서 40일 동안 있었고 사탄에게 유혹받았다는 것만 알고 있습니다. 그는 들짐승과 함께 있었고 천사들이 그의 시중을 들었습니다. 마태오와 루가는 이 이야기만 가지고도 이를 짧은 드라마로 만들어 사탄이 예수를 세 차례 유혹했다고 말합니다. 사탄이 예수에게 각각의 상황에서 무엇을 요구했고 이에 예수는 어떻게 대답했는지를 이야기합니다. 결국 이야기는 사탄이 포기하고 물러가는 것으로 끝맺습니다. 그러나 마르코는 유혹이 무엇에 관한 것이었는지 이야기하지 않으며, 심지어 시험의 결과가 어떠했는지도 말해주지 않습니다. 우리는 예수가 유혹에 맞섰다고 생각하지만 마르코는 이를 꼭 그런 식으로 말해야 한다고 생각하지 않았던 듯합니다.

우리가 복음서를 읽을 때 자주 빠지는 유혹 중 하나는 여러 복음서 본문을 몽땅 합쳐서 각 복음서의 세부 사항을 짜 맞추어 하나의 커다란 이야기를 만드는 것입니다. 그렇게 하면 우리는 각각의 복음서 저자가 전하는 고유한 메시지를 놓치게 됩니다. 마르코의 이야기를 이해하고자 한다면 마태오와 루가 복음서에 등장하는 유혹 이야기를 잊고 마르코의 본문에만 집중해야 합니다.

가장 먼저 주목할 것은 장면이 펼쳐지는 곳이 광야라는 사실입니다.

성령이 예수를 광야로 내보내셨다. (마르 1:12)

사실 도입부 내내 장면은 전환되지 않았습니다. 마르코 복음서를 여는 성서 인용구는 광야에서 어떤 일이 있었는지에 관한 것이었습니다. 세례자 요한 또한 광야에서 나타났습니다. 예수가 요한에게 갔으니 예수의 세례 역시 광야에서 베풀어졌습니다. 요르단 강을 본 사람이라면 이 강이 초목이 무성한 지역을 관통하여 흐르기는 하지만 광야와도 매우 가깝다는 사실을 알 것입니다. 그러나 이제 성령은 엄밀한 의미의 광야로 예수를 이끌어 갑니다. 광야에 관한 이 모든 언급이 마르코 복음서의 첫 번째 청중들에게 특별한 의미가 있었던 것은, 유대인의 사유에서 광야가 특별한 장소였기 때문입니다.

광야에 위치한 시나이 산은 하느님께서 당신의 백성에게 스스로를 드러내 보이신 곳이었고, 자신의 백성을 이집트에서 탈출시켜 약속된 땅으로 안전하게 이끌고 가셨던 때 통과했던 곳도 광야였습니다. 광야는 하느님의 자기 계시 그리고 구원과 밀접하게 연결되어 있었습니다. 어떤 유대인들은 그 시절을 황금기로 회상하기도 했습니다. 자연스레 예언자들은 하느님께서 다시 자신을 드러내시고 자신의 백성을 구원하시는 광야에서 새로운 경험을 얻기를 고대했습니다. 이것이 이사야가 약속했던 바이며 마르코는 지금 그 일이 일어났다고 말하고 있는 것입니다. 그러나 광야는 삭막한 장소이며 이스라엘은 그곳에서 반역하고 불평하기도 했습니다. 백성들은 광야를 지나며 이집트에서 노예 생활했던 과거가 더 나았다고 생각했습니다. 이들의 후세들은 이 반역의 때를 돌아보며 백성들 전체가 유혹과 시험을 받았고 이를 통과하지 못했다고 말했습니다. 그들이 말하길, 그것이 이스라엘 민족이 광야에서 40년 동안 헤맸던 이유였으며, 그들은 하느님께 순종하는 법과 그의 목소리를 듣는 법을 깨우치게 될 때까지 광야를 떠날 수 없었습니다.

앞서 우리는 고대 세계에서 아들은 그의 아버지에게 마땅히 순종해야 한다는 이야기를 했습니다. 예언자들의 비판은 하느님께서 이스라엘을 자기 아들로 대하셨지만 백성들은 광야 여정뿐만 아니라 역사를 통해서도 끊임없이 불순종했다는 사실에서 출발합니다. 하느님은 이스라엘을 자신의 특별한 백성으로 부르셨으나 이스라엘은 그 부름에 응답하고 순종하기를 거부했습니다. 그리고 이제 우리는 마르코가 제시하는 짧은 도입부 장면의 의미를 발견합니다. 예수 역시 하느님께 부름을 받았고 하느님의 아들로 인정받았습니다. 그 또한 광야에서 유혹을 당하고 시험받았습니다. 그가 받은 유혹은 이스라엘처럼 40년은 아니었지만 40일 동안 이어졌지요. 그리고 이 숫자는 우리에게 이스라엘 백성이 광야에서 보냈던 40년을 떠올리게 합니다.

　우리가 알고 싶어 하는, 그 유혹의 내용은 무엇이었을까요? 마태오와 루가는 이 질문에 답하려 노력했지만 마르코는 관심조차 보이지 않았습니다. 유혹의 결과는 무엇입니까? 예수는 이에 저항했을까요? 마르코 역시 이 점에 대해 관심이 없지는 않았겠지만, 끝내 아무것도 말해주지 않습니다. 그는 답이 자명하다고 생각했을 것입니다. 사탄이 하느님의 성령에 이끌리는 누군가와 마주쳤다면 그는 진정한 맞수를 만난 것입니다.

그래서 예수께서 그들을 불러 놓고, 비유로 그들에게 말씀하셨다. "사탄이 어떻게 사탄을 쫓아낼 수 있느냐? 한 나라가 갈라져서 서로 싸우면, 그 나라는 버틸 수 없다. 또 한 가정이 갈라져서 싸우면, 그 가정은 버티지 못할 것이다. 사탄이 스스로에게 반란을 일으켜서 갈라지면, 버틸 수 없고, 끝장이 난다. 먼저 힘센 사람을 묶어 놓지 않고서는, 아무도 그 사람의 집에 들어가서 세간을 털어 갈 수 없다. 묶어 놓은 뒤에야, 그 집을 털어 갈 것이다. (마르 3:23~27)

예수가 자신의 축귀 활동을 힘센 사람, 즉 사탄의 집에 들어가 그 세간을 털어가는 것으로 묘사하고 있다는 점을 생각해 보면 우리는 그가 스스로 성령의 능력을 통해 사탄을 결박한다고 주장하는 모습에 놀라지 않을 것입니다. 마르코는 예수와 사탄의 대면을 유혹이라 생각하지 않고 예수가 당연히 승리하는 결투라고 보았던 것입니다. 아마도 그 때문에 마르코는 악의 힘을 상징하는 들짐승과 예수의 투쟁을 돕는 천사를 언급하고 있습니다.

이제 마르코가 전하는 프롤로그의 막바지에 다다랐습니다. 14절부터는 본격적으로 극이 시작됩니다. 예수는 갈릴래아에 도착했고 하느님의 나라를 선포합니다.

때가 찼다. 하느님의 나라가 가까이 왔다.

회개하여라. 복음을 믿어라. (마르 1:15)

극 속에 등장하는 어떤 이도 그가 누구인지 알지 못하고, 어떤 이도 우리가 이미 알고 있는 바를 이해하지 못하는 것 같습니다. 잠시 멈추어 우리가 지금껏 배운 이야기를 생각해보십시오. 우리는 우리가 듣게 될 이야기가 이스라엘이 기다리던 기쁜 소식임을 압니다. 또한 예수가 구약성서가 약속한, 오리라고 선포한 인물, 이스라엘에게 구원을 가져다줄 인물이란 사실도 압니다. 그가 하느님과 특별한 관계를 맺었으며 거룩한 은총을 누리고, 그 안에서 하느님의 영이 활동하고 그 성령의 힘으로 강해져 사탄과 싸우리라는 사실도 압니다. 우리는 그가 메시아 곧 기름 부음 받은 이, 하느님의 아들, 주님임을 압니다. 이 모든 것을 우리는 열세 절이라는 짧막한 구절들을 통해 배웠습니다.

이 정보들은 우리에게 다양한 방식으로 전해졌습니다. 우선 마르코 자신이 예수 그리스도에 관한 기쁜 소식을 이야기하겠다고 밝히고 있으며, 구약성서에서 인용한 구절 또한 중요한 정보입니다. 도입부의 이 부분을 제외하면 마르코 복음서 어디에서도 구약성서를 인용해 이야기를 해설하지 않습니다. 다음으로 우리는 세례를 선포하고 자신의 뒤를 이을 인물에 대해 말하는 세례자 요한을 만났습니다. 이후 복음서 어디에서도 이러한 종류의 정보를 전달하는 인물은 등장하지 않습니다. 다음으로는 예수가 세례받는 장면, 하느님의 성령이 그에게 내려오고 하늘의 소리를 듣는 장면이 이어집니다. 마르코 복음서에서 하늘의 목소리가 울려 퍼지는 장면은 이곳과 변화산 장면, 즉 주의 변모 때뿐입니다.[16] 하늘의 목소리는 매일 들려오는 것이 아니고 이제 우리는 이 복음서에서 성령을 더는 만나지 못합니다. 세례자 요한, 예수의 세례, 그리고 유혹, 짤막한 이 세 장면에서 흥미롭게 여겨지는 대목은 성령이 모든 장면에서 언급된다는 점입니다. 복음서의 나머지 부분에서 성령은 매우 드물게 등장합니다. 도입부 마지막 장면에서 예수는 들짐승과 천사가 등장하는 상황에서 사탄과 마주합니다. 사탄이 무엇을 말했는지 본문은 전하지 않습니다. 단지 무대 위에는 예수만이 남아있고 들짐승과 천사는 이후 장면에 필요치 않은 조연에 그칩니다.

프롤로그에서는 다른 곳에서는 일어나지 않는 일들이 일

---

16 "바로 그 때에 구름이 일며 그들을 덮더니 구름 속에서 "이는 내 사랑하는 아들이니 너희는 그의 말을 잘 들어라" 하는 소리가 들려왔다."
(마르 9:7)

어납니다. 다른 장면에서 볼 수 없는 인물, 그리고 앞으로 설명되지 않을 진실이 나타납니다. 우리가 복음서 막바지에 도달했을 때, 예수의 대적자들이 그를 십자가에 못 박기 위해 고소할 때에 이르러야 이 복음서는 예수가 메시아임을 공연히 드러내 보입니다. 그리고 나서 비로소 그는 그를 처형했던 백인대장에 의해 하느님의 아들이라는 인정을 받습니다.

> 예수를 마주 보고 서 있는 백인대장이, 예수께서 이와 같이 숨을 거두시는 것을 보고서 말하였다. "참으로 이분은 하느님의 아들이셨다." (마르 15:39)

죽음의 순간에 이르러서야 예수는 하느님의 아들로 알려집니다. 그러나 바로 이곳, 예수가 세례받던 순간에 그는 거룩한 소리를 통해 이미 아들로 인정받았습니다. 마르코는 자신의 청중들이 대칭을 이루는 이 두 장면의 진정한 의미를 깨닫기를 바랐던 것일까요? 그들은 바울의 편지를 받은 로마의 독자들이 알고 있었을 가르침, 곧 세례를 통해 그리스도교 신자들이 그리스도의 죽음으로 들어간다는 사실을 알고 있었던 것일까요?[17] 그렇다면 예수의 세례에 관한 대목은 당연히 그의 죽음을 떠올리게 했을 것입니다. 그리고 실제로도, 이어지는 복음서 본문에서 우리는 예수가 자신의 수난과 죽음을 '세례'라는 말로 표현하는 장면을 접합니다.[18] 따라서 이야기를 두세 번 들었을 마르코의 청중들은 자연스럽게 이두 장면을 연결했을 것입니다. 마르코는 단순히 예수가 누구인지에 관한 정보만을 주는 것이 아니라 이야기가 어떻게 대단원의 막을 내릴지도 암시하고 있었습니다.

마르코가 상연하는 극이 시작한 이후 누군가 극장에 도착했다고 상상해보십시오. 혹은 마르코 복음서 1장 14절부터 복음서를 읽어나가기 시작한다고 생각해보십시오. 그 사람은 마르코가 전하는 이야기의 중대한 의미를 깨닫지 못할 것입니다. 그는 마르코가 펼쳐내는 극 중 인물에서 자신을 찾게 될 것입니다. 그중에는 예수의 가르침을 듣고 들은 바에 놀라워하는 이, 그가 치유 기적을 행하는 것을 보고 그의 권위에 충격을 받는 이도 있을 것이고, 그의 축귀 활동을 보고

---

17 "세례를 받고 그리스도 예수와 하나가 된 우리는 이미 예수와 함께 죽었다는 것을 모르십니까?" (로마 6:3)

18 "그래서 예수께서는 "너희가 청하는 것이 무엇인지나 알고 있느냐? 내가 마시게 될 잔을 마실 수 있으며 내가 받을 고난의 세례를 받을 수 있단 말이냐?" 하고 물으셨다." (마르 10:38)

하느님의 힘 혹은 사탄의 힘이 활동하는 그 모습에 경이로움을 느끼는 이도 있을 것입니다. 그 사람은 결국 "누가 이러한 일을 행할 수 있단 말인가?"라고 묻지만 끝내 답을 얻지는 못합니다. 하지만 여러분과 저는 이미 답을 알고 있습니다. 이야기의 가장 처음 부분에서 예수에 관한 진실을 배웠기 때문입니다. 마르코는 우리에게 나머지 이야기를 이해할 수 있는 열쇠를 건네주었습니다. 이따금 그는 자신의 이야기를 진행하면서 청중에게 물을 것입니다. "왜 이러한 일이 일어나는지 당신은 알고 있습니까?" 그리스 비극에서 코러스가 연극에서 일어나는 사건의 의미를 설명하듯이, 마르코는 우리에게 하느님의 성령으로 인해 움직이는 하느님 아들에 관한 기쁜 소식을 펼쳐 보이는 이야기를 전하고 있음을 깨닫게 할 것입니다. 이제 직접 그의 이야기를 읽어보십시오. 그리고 복음서를 여는 이 구절들이 어떻게 복음을 열어젖히고 있는지 경험하십시오.

아브라함의 후손이요, 다윗의 자손인 예수 그리스도의 족보는 다음과 같다. 아브라함은 이사악을 낳았고 이사악은 야곱을, 야곱은 유다와 그의 형제를 낳았으며 유다는 다말에게서 베레스와 제라를 낳았고 베레스는 헤스론을, 헤스론은 람을, 람은 암미나답을, 암미나답은 나흐손을, 나흐손은 살몬을 낳았고 살몬은 라합에게서 보아즈를 낳았으며 보아즈는 룻에게서 오벳을 낳았고 오벳은 이새를, 이새는 다윗 왕을 낳았다. 다윗은 우리야의 아내에게서 솔로몬을 낳았고 솔로몬은 르호보암을, 르호보암은 아비야를, 아비야는 아삽을, 아삽은 여호사밧을, 여호사밧은 요람을, 요람은 우찌야를, 우찌야는 요담을, 요담은 아하즈를, 아하즈는 히즈키야를, 히즈키야는 므나쎄를, 므나쎄는 아모스를, 아모스는 요시야를 낳았고, 이스라엘 민족이 바빌론으로 끌려갈 무렵에 요시야는 여고니야와 그의 동생들을 낳았다. 바빌론으로 끌려간 다음 여고니야는 스알디엘을 낳았고 스알디엘은 즈루빠벨을, 즈루빠벨은 아비훗을, 아비훗은 엘리아킴을, 엘리아킴은 아졸을, 아졸은 사독을, 사독은 아힘을, 아힘은 엘리홋을, 엘리홋은 엘르아잘을, 엘르아잘은 마딴을, 마딴은 야곱을 낳았으며, 야곱은 마리아의 남편 요셉을 낳았고 마리아에게서 예수가 나셨는데 이분을 그리스도라고 부른다.

(마태 1:1~16)

02

예언의 열쇠

마태오 복음서 1~2장

우리가 시작이라 하는 바는 흔히 끝이며
또 끝을 맺는 것은 시작하는 것이다.[1]

마르코 복음서가 우리가 극장에 있는 것 같은 상상을 하게 해준다면, 마태오 복음서는 우리가 학교에 되돌아온 것 같은 상상을 하게 해줍니다. 마르코 복음서보다 훨씬 긴 마태오 복음서는 극본보다는 학교에서 읽는 교과서와 비슷합니다. 마르코 복음서를 읽을 때 독자는 『이상한 나라의 앨리

---

1 T.S. Eliot, *Four Quartets*, Little Gidding 5.

스』Alice's Adventures in Wonderland에서 앨리스가 여왕에 의해 속절없이 끌려갔던 것처럼 어떤 사건에 휘말리는 듯한 느낌을 받습니다. 마르코가 가장 좋아하는 표현 중 하나는 "즉시"입니다. 그는 한 장면과 다음 장면 사이에 숨을 고를 만한 여유를 허락하지 않습니다. 반면에 마태오는 이야기를 느리게 전개하고 이야기 단위(가르침, 기적)를 신중하게 배열합니다. 그렇기에 많은 이가 마태오를 유대교 교사인 랍비로 여겼다는 사실은 그리 놀랍지 않습니다. 그는 전할 메시지를 가지고 있었고, 자신이 가진 증거들을 세심하게 모아 우리가 요점을 분명히 파악하도록 돕습니다.

마태오가 마르코와는 다른 '분위기'를 풍기지만 그가 쓰고 있는 것 또한 '복음'입니다. 그의 책에는 마르코 복음서에 담겨 있던 여러 자료, 동일한 이야기들이 담겨있습니다. 그 역시 예수 이야기의 절정, 예루살렘에서 있었던 죽음과 부활을 전합니다. 두 복음서의 병행하는 절들을 나란히 적어 내려가면 둘의 유사성을 더 발견하게 될 것입니다. 사람들은 이를 토대로 마태오가 자신의 복음서를 저술할 때 마르코 복음서를 뼈대로 삼았다거나, 마르코가 마태오의 복음서를 요약해 담았다고 생각했습니다. 그렇다면 두 복음서의 차이는 어디서 비롯된 것일까요?

주요한 차이 중 하나는 마태오가 완전히 다른 방식으로 이야기를 시작하고 있다는 사실입니다. 마태오는 자신의 복음서 3장이 되어서야 마르코 복음서의 이야기를 가져옵니다. 게다가 그는 마르코의 이야기를 사뭇 다르게 기술하고 있습니다. 처음 두 장에서 마태오는 자신만의 길을 갑니다. 그는 자신의 복음서를 이해하는 열쇠를 제공하기 위해 자신만의 서문을 써 내려가기로 했습니다. 물론 여기서 그가 우리에게 제공하는 여러 정보 속에는 마르코가 우리에게 말했던 바를 반복하는 것들이 있지만, 마태오는 자신만의 방식으로 그 내용을 전하고 있습니다.

많은 성서학자는 마태오 복음서의 서문이 4장 11절까지라고 주장합니다. 이 관점에서 보면 예수가 하느님의 아들이라는 선언은 1장과 2장이 전하는 이야기가 절정으로 치닫는 부분입니다.[2] 그리고 3장 1절부터 4장 11절의 내용이 특별한 정보라는 것은 사실입니다. 분명 우리는 왜 마태오가 이러한 와중에 세례자 요한의 설교, 예수의 세례, 그리고 예수가 유혹받는 이야기를 자신의 복음서에 넣었는지를 물어보아야 합니다. 이에 대한 해답이 "프롤로그에는 당연히 이러한 이

---

2 Jack Dean Kingsbury, *Matthew as Story* (Fortress Press, 1988), 43~45. 『이야기 마태복음』(요단출판사)

야기들이 필요하기 때문이지요"일 수는 없을 것입니다. 그보다 적절한 답은 마태오가 앞서 마르코가 말했던 저 이야기들에 담긴 요소들을 매우 중요하게 여겼다는 것입니다. 하지만 이 이야기들이 1장과 2장 다음에 등장한다는 점을 고려해볼 때, 이 부분의 중요성은 마르코 복음서에 비추어 보면 무게감이 덜합니다. 마태오가 이 부분을 자신의 서문으로 여기기를 바랐든 바라지 않았든 간에, 우리가 주목해야 할 것은 그가 추가한, 마르코 복음서에는 없는 부분일 것입니다.

마태오는 아마 선생이었을 것입니다. 하지만 때로 저는 그가 그렇게 '좋은' 선생이었는지 의구심이 들 때가 있습니다. 제가 보기에 마태오 복음서 처음에 등장하는 스물세 개의 절은 사람들의 주의를 집중시키는 이상적인 구절은 아니기 때문입니다. 그는 예수의 족보로 이야기를 시작합니다. 논리적으로는 충분히 이해할 만한 시작입니다만, 누가 누구를 낳았으며 누가 누구를 낳았다는 이 이야기를 40여 초 동안 듣고 있노라면 지루함을 느끼는 게 당연합니다. 마태오는 이스라엘 민족의 뿌리로 여겨지는 아브라함에서 시작해 다윗 왕을 거쳐 마리아의 남편 요셉까지 나아갑니다. 족보의 요점은 예수가 물려받은 혈통이 이보다 더 좋고 이보다 더 적절할 수 없다는 점을 보여주는 데 있습니다. 그는 민족의 시조라 불리는 족장의 후손이며, 왕족의 계보에 속해 있습니다. 마태오는 이 긴 족보의 흐름을 세 부분으로 깔끔하게 나눕니다. 우선 아브라함에서부터 다윗까지를 언급하는데 14대로 이루어져 있습니다. 그리고 다윗에서부터 바빌론으로 유배된 세대까지를 언급하는데 이 역시 14대로 이루어져 있습니다. 메시아 예수에게 이르는 시기도 14대를 거치게 됩니다. 이러한 배열은 사실대로 엄밀하게 구성했다기보다는 시대의 흐름을 단정하게 배열하기 위한 것으로 보입니다. 왕조의 창시자인 다윗은 이스라엘 역사상 아브라함만큼 중요한 인물이었습니다. 이스라엘의 통치자인 다윗 왕족의 후손들은 여고니야(여고냐)까지 이어집니다. 그는 바빌론에 의해 폐위되어 포로가 된 인물인데, 이 사건은 이스라엘 역사의 큰 전환점이 됩니다. 이후 다윗의 후손들은 통치자가 아니었습니다. 아브라함에게서 14대가 지나 등장한 다윗 왕 이후 또다시 14대가 이어졌을 때 우리는 예수를 만납니다. 여기서 14라는 숫자는 중요합니다. 14가 거룩한 숫자 7의 두 배수이기 때문이라고 가정해 볼 수 있지만 좀 더 중요한 지점이 있습니다. 히브리어 문자들은 각각 지시하는 숫자가 있는데 다윗 왕을 표기하기 위해 사용하는 히브리어 문자 3개(דוד)에 해당하는 숫자를 합치면 숫자 14가 됩니다. 즉 다윗 왕은 이 모든 내용의 핵심 인물입니다. 그렇다면 우리가 보고 있는 이 목록은 아브라함에서 시작해 다윗 왕까지 14대, 다윗 왕가의 왕들 14대, 그리고 예수에게서 완성되는 14대의 명단입니다. 예수는 다윗 왕을 이어 이스라엘 왕좌를 차지할 인물임이 분명합니다.

족보를 거슬러 추적하는 일은 결코 쉬운 일이 아닙니다. 하물며 42대를 돌이켜 살피는 일이 쉬울 리가 없겠지요. 따라서 루가 복음서에도 나오는 족보의 병행 구절이나 구약성서에 담긴 내용과 마태오 복음서의 족보가 일치하지 않는다는 사실은 그리 놀랄 일은 아닙니다. 마태오는 인물들의 목록에서 이스라엘 왕 중 한 명 혹은 두 명의 이름을 언급하지 않았습니다만 그가 전승을 활용해 자신의 주장을 전하려 했다는 점은 분명합니다.

그런데 이 족보와 관련해 큰 문제가 하나 있습니다. 모든 계보는 꼭 같은 형태로 반복됩니다. '누가 누구를 낳고, 또 누가 누구를 낳고', 이러한 문장이 마지막 줄에 이르기까지 이어집니다. 그러다 "야곱은 마리아의 남편 요셉을 낳았고 마리아에게서 예수가 나셨는데 이분을 그리스도라고 부른다"(마태 1:16)는 문장에 시선이 이르면 우리는 몹시 당황하게 됩니다. 이어지는 이야기를 보아도 그렇지만, 마태오는 요셉이 예수를 낳았다고 믿지 않았음이 분명합니다. 그렇다면 그는 왜 혈통적으로는 연관성이 없는 이의 가계도를 애써 추적하고 있는 것일까요? 요셉이 마리아를 자신의 아내로 받아들였기 때문에 법적으로는 그가 예수의 아버지이기 때문입니다. 누군가는 한편에서는 예수가 왕족의 혈통에 속했다고 믿으면서 다른 한편에서는 그가 동정녀에게서 났다고 믿는 것이 일관성이 없다고 여길지 모르지만, 마태오는 이에 개의치 않았음이 분명합니다. 그가 보기에 중요한 것은 법적인 혈통과 정통성이고 이것으로도 자신이 강조하려 했던 것을 충분히 알렸다고 생각했을 것입니다.

이 족보에는 흥미로운 지점이 또 있습니다. 마태오가 법적인 후손의 계보를 추적한다는 점에서 그 족보를 잇는 이들이 남성들이라는 사실은 자연스러워 보입니다. 그러나 주목할 만한 예외 다섯 명이 등장합니다. 바로 다말, 라합, 룻, 밧세바, 마리아입니다. 마리아는 빼놓을 수 없으니 그렇다 치더라도 다른 네 명의 여성은 왜 등장하는 것일까요? 애초에 여성들도 이 목록에 포함하고자 했다면 왜 당시 널리 알려져 있던 여성들, 특히 사라와 리브가는 언급하지 않았던 것일까요? 물론 몇몇 인물의 이름은 잊어버렸을 수도 있지만 저 둘의 이름을 잊는다는 것이 가능한 일이었을까요? 최근에 번역 출간된 『포괄적인 신약성서』'Inclusive Version' of the New Testament[3]의 편집자들은 이 지점에서 성적 평등을 추구한다는 이유로 족보에 나오는 인물들 옆에 아내 이름을 덧붙여 두었습니다. 이는 마태오 복음서의 초점을 놓친 번역과 편집이 얼마나 위험한지를 증명하는 사례입니다. 우리가 할 일은 마태오가 수많은 여성의 이름을 언급하지 않았다며 무분별한 비판을 가하는 게 아니라, 왜 그가 소수의 여성만을 특별히 언급했는지를 묻는 것입니다. 이들의 공통점은 무엇일까요? 이 질문에 대한 다양한 답변들이 제시되어왔지만, 가장 그럴듯한 답변은 이 여성들의 경우 상대 남성과의 관계가 평범치 않았다는 것이었습니다. 그 관계는 추문으로 여겨지곤 했지요. 다말은 자신을 매춘부로 위장하고 시아버지를 유혹했습니다.[4] 라합은 매춘부였습니다.[5] 밧세바는 다윗과 간통을 저지른 인물입니다.[6] 정숙한 사람이었던 룻은 얼핏 보기에는 다른 여성들과는 다른 인물로 보이지만 그녀조차 보아스가 자기 가문 사람을 책임져야 한다는 의무를 지켜 자신과

---

3 *The New Testament and Psalms: An Inclusive Version* (Oxford University Press: New York, 1995)

4 창세 38장

5 여호 2장

6 2사무 11:2~5

결혼하게 하려고 그를 유혹해 추문에 휩싸이게 했습니다. 더군다나 룻이 이방인이었다는 사실 자체도 어떤 유대인이 보기에는 추문이었습니다.[7] 그리고 마리아를 빼놓을 수 없겠지요. 그녀는 요셉과 혼인하기 전에 이미 임신한 상태로 등장합니다. 이러한 요소가 이 여성들을 언급하게 한 이유였을까요? 달리 말하면 예수의 탄생을 둘러싼, 수상쩍어 보일 수도 있는 일들을 정당화하기 위해 과거 선조들의 추문을 선례로 가져온 것일까요? 마태오는 이 명단을 통해 메시아의 탄생에 관해 제기된 질문에 답하고자 했던 게 아닌가 싶습니다. 하느님께서 의심의 여지가 가득한 과거 인물들을 통해서도 일하셨다면, 놀랍게도 메시아의 계보가 이 부정해 보이는 여성들을 통해서도 이어진 것이라면 하느님은 예수의 탄생에도 관여하신 게 아니겠는가 하고 독자들에게 답하고 있는 셈이지요.

마태오는 자신의 책을 소개하는 제목을 제시하며 시작합니다. 문자 그대로 옮기면 '아브라함의 자손, 다윗의 자손 예수 그리스도의 기원에 관한 책'입니다. 몇몇 학자는 이것이 책 전체의 제목이라 여겼지만, 이는 복음서 처음에 등장하는

---

7 룻기 3장

열일곱 절을 요약한 표현으로 보는 게 좋을 것 같습니다. '기원에 관한 책'the book of origin이라는 말은 창세기 5장 1절에 등장하는 "아담의 계보"에서 비롯된 것입니다. 여기서는 노아에까지 이르는 아담의 후손이 언급됩니다. 다른 말로 하면 일종의 '계보'genealogy이지요. 마태오가 우리에게 전달하는 것이 바로 이 계보입니다. 그가 붙인 제목은 이 계보의 중요한 점을 추려냅니다. 그는 메시아이자 다윗의 자손, 아브라함의 자손인 예수의 법적인 계보를 추적하고 있습니다.

'기원'origin이란 단어 역시 중요합니다. 그리스어 게네시스γένεσις는 '기원'origin과 '시작'beginning이라는 뜻을 모두 가지고 있습니다. 우리가 가진 성서의 첫 번째 책의 제목(창세기)으로 사용된 이 단어는 성서의 시작을 의미하는 동시에 태초에 무슨 일이 일어났는지에 관한 이야기를 가리키고 있습니다. 마르코 역시 자신의 복음서를 '시작'이란 말로 시작했지만 다른 그리스어 아르케ἀρχή를 사용했지요. 서로 다른 방식을 택했지만 결국 둘은 예수 이야기의 시작이 하느님의 뜻에 따른 것이라는 사실을 알리려 한 것이 아니었을까요? 이러한 맥락에서 마태오는 아브라함에서 시작되어 예수에 이르는 계보를 추적하며 우리에게 예수의 탄생이 이 민족의 시작부터 준비된 하느님의 섭리였음을 말하려 했다고 할 수 있을 것입니다.

마태오 복음서 1장 18절에서 본문은 계보에서 이야기로 전환됩니다. 그리고 오늘날 이를 읽는 우리는 전혀 관심을 기울여 본 적 없던 이름들의 목록에서 친숙한 성탄 이야기로 나아갑니다. "예수 그리스도의 태어나심은 이러하다." 우리는 이 이야기의 첫 문장을 이렇게 번역합니다. 그런데 사실 여기서 마태오는 다시 한번 그리스어 게네시스를 사용합니다. "예수 그리스도의 '게네시스'는 이러하다." 후대에 성서를 필사하던 이들은 이 부분에 분명히 실수가 있다고 판단하여 '탄생'birth이라는 의미를 지닌 유사어로 내용을 변개했습니다. 하지만 마태오가 더 넓은 의미를 가진 이 단어를 선택해 사용한 특별한 이유가 있었던 건 아닐까요? 그는 여전히 예수의 '시작' 혹은 '기원'에 대해 좀 더 전하고자 한 것이 있던 것은 아닐까요?

이어지는 단락을 읽는다면 이러한 물음이 충분히 근거가 있음을 알게 됩니다.

예수 그리스도의 태어나심은 이러하다. 그의 어머니 마리아가 요셉과 약혼하고 나서, 같이 살기 전에, 마리아가 성령으로 잉태한 사실이 드러났다. 마리아의 남편 요셉은 의로운 사람이라서 약혼자에게 부끄러움을 주지 않으려고, 가만히 파혼하려 하였다. 셉이 이렇게 생각하고 있는데, 주님의 천사가 꿈에 그에게 나타나서 말하였다. "다윗의 자손 요셉아, 두려워하지 말고, 마리아를 네 아내로 맞아 들여라. 그 태중에 있는 아기는 성령으로 말미암은 것이다. 마리아가 아들을 낳을 것이니, 너는 그 이름을 예수라고 하여라. 그가 자기 백성을 그들의 죄에서 구원하실 것이다." 이 모든 일이 일어난 것은, 주님께서 예언자를 시켜서 이르시기를, "보아라, 동정녀가 잉태하여 아들을 낳을 것이니, 그의 이름을 임마누엘이라고 할 것이다" 하신 말씀을 이루려고 하신 것이다. (임마누엘은 번역하면 '하느님이 우리와 함께 계시다'는 뜻이다.) 요셉은 잠에서 깨어 일어나서, 주님의 천사가 말한 대로, 마리아를 아내로 맞아들였다. 그러나 아들을 낳을 때까지는 아내와 잠자리를 같이하지 않았다. 아들이 태어나니, 요셉은 그 이름을 예수라고 하였다. (마태 1:18~25)

이 이야기는 예수의 탄생이 아니라 마리아가 요셉과의 혼인 전에 이미 임신했다는 사실을 전하는 데 주목적이 있습니다. 예수의 탄생 이야기(2장)에 다다르기 전에 이미 우리는 그의 잉태가 성령의 활동으로 이루어졌음을 알게 됩니다. 결국 이 구절들은 예수의 탄생이 아니라 그의 '기원', '시작'에 대해 말하고 있습니다. 이렇게 마태오는 모순돼 보이는 두 가지 생각(한 편에서는 그가 (요셉에 이은) 왕족이라는 생각, 다른 한 편에서는 그의 잉태가 성령에 의한 것이라는 생각))을 하나로 합쳐 전합니다. 둘 모두는 예수의 '기원'을 우리에게 전해줍니다.[8]

우리는 이미 예수가 누구인지 들었기 때문에 이 모든 것을 이해할 수 있습니다. 마르코가 자신의 복음서를 여는 본문에서 그랬듯, 청중들은 무슨 일이 일어나고 있는지 이해할 수 있습니다. 등장인물들보다도 이야기를 더 잘 이해하는 것이지요. 우리는 다시 한번 예수가 메시아임을 전해 듣습니다. 그의 부모가 혼인도 하기 전에 마리아가 '성령에 의해' 임신했다는 사실이 밝혀집니다. 여기서 예수의 탄생과 관련한 중대한 의심, 그의 출생과 직접 관련된 추문이 제기됩니다. 그러나 요셉은 꿈에 나타난 천사에 의해 진실을 알게 되었습

---

8 여기서 마태오가 우리에게 전한 내용과 바울이 로마인들에게 보낸 편지(로마서) 1장 3~4절에서 몇 줄로 요약한 내용 사이에는 흥미로운 유사점이 발견된다. 바울은 독자들에게 예수가 "인성으로 말하면 다윗의 후손으로 태어나신 분"이며 "신성으로 말하면 죽은 자들 가운데서 부활"하여 "하느님의 권능을 나타내어 하느님의 아들로 확인"된 인물이라고 말한다. 둘 사이의 차이점에 주목하라. 바울에게 혈통은 인성에 관한 것이고, 거룩한 아들됨은 신성에 관한 것이지만 마태오에게 있어 이 둘은 예수의 탄생과 연결되어 있다.

니다. 처음 두 장에서 천사들은 꿈에 빈번하게 나타나는데 우리는 그들이 하느님의 일꾼임을 알고 있으며 그들이 전하는 말을 의심하지 않습니다. 요셉은 성령이 행하신 창조적인 일이 마리아 안에서 벌어지고 있음을 확신합니다. 천사들은 이 아이가 자기 백성을 죄에서 구원할 것이라며 아이의 이름을 '예수'라 지으라고 말합니다.

이름은 특별한 의미를 갖고 있습니다. 오늘날 우리는 갓 태어난 아기의 이름을 뭐라고 할지 고민할 때를 제외하고는 이름에 담긴 뜻을 숙고하지 않습니다. 하지만 유대인들에게 이름이 갖는 의미는 매우 중요했습니다. 예수, 히브리어로는 여호수아라는 이름에는 '하느님께서 구원하신다'라는 뜻이 있습니다. 이 이름은 이스라엘 백성을 약속된 땅으로 인도한 인물인 여호수아에게 꼭 맞는 이름이었고, 그래서 메시아인 예수에게도 꼭 맞는 이름입니다. 그러나 이름 그 자체는 하느님께서 어떻게 우리를 구원하시는지, 무엇으로부터 구원하시는지, 구원의 목적이 무엇인지 알려주지 않습니다. 마태오가 예수가 자신의 백성을 죄로부터 구원하려 한다고 설명하는 것이 조금도 놀랍지 않은 것은, 이것이 그가 이후 그의 복음서에서 전하는 주제 중 하나이기 때문입니다. 이야기를 시작하는 지금 마태오는 이름에 담긴 중요성, 그리고 마태오 자신이 그 안에서 발견한 특별한 의미를 드러내려 합니다.

이어지는 내용은 마태오 복음서에 있어 매우 전형적인 구절입니다. "이 모든 일로써 주께서 예언자를 시켜 ... 하신 말씀이 그대로 이루어졌다." 이 말은 마태오가 반복적으로 사용하는 일종의 공식인데, 특히 처음 두 장에서 자주 사용됩니다. 기억하시겠지만 마르코는 자신의 복음서 첫 단락을 시작하자마자 '증거 본문'proof-text*을 제시하고 이후 이야기를 전개합니다. 반면 마태오는 예언의 성취라는 주제를 가지고 이야기를 끌고 갑니다. 그는 예수의 존재와 말, 행동을 통해 성서가 어떻게 성취되었는지 우리가 이해하도록 설득해 갑니다. 여기서 그가 성취됐다고 말하는 본문은 구약성서 중에서도 가장 친숙한 구절입니다.

보아라, 동정녀가 잉태하여 아들을 낳으리니 그 이름을 임마누엘이라 하리라. (마태 1:23)[9]

여러분은 이 구절이 마태오가 우리에게 이야기한 바를 뒷받

---

* 권위에 호소해 한 진술을 확고히 하려고 맥락과는 무관하게 인용한 특정 구절(흔히 성서)을 말한다.

[9] 이사 7:14

침하기에는 썩 좋지 않다고 느낄지도 모르겠습니다. 요셉은 아이의 이름을 '임마누엘'이 아니라 '예수'로 지었기 때문이지요. 문자적인 층위에서만 보면 증거 본문은 잘 적용되지 않습니다. 그러나 어떤 일이 벌어진 것인지를 전체적으로 판단해 보면, 일이 어떻게 돌아가는지 알 수 있게 됩니다. 마태오의 설명에 따르면 '임마누엘'이라는 이름은 '하느님께서 우리와 함께 계시다'라는 뜻을 갖고 있습니다. 그가 우리에게 전하는 이야기는 하느님께서 예수를 통해 펼치시는 활동, 그의 백성을 구원하시는 이야기입니다. 곧 태어날 이 아이는 훗날 사람들이 그를 통하여 하느님께서 그들과 함께하신다고 말하게 될, '임마누엘'이 될 것입니다.

이 증거 본문에는 또 하나의 문제가 있습니다. 그리스도교인들은 오랫동안 이 구절을 '메시아를 예언'하는 구절로 여겼고, 이사야 예언자가 예수의 탄생을 고대했다고 생각했습니다. 그러나 현대 학자들은 이 구절이 이사야 예언자가 당대 백성에게 희망을 전하기 위해 제시한 구절로, 하느님께서 자기 백성을 구원하시리라는 일종의 표징이었다고 생각합니다.[10] 이 예언서가 적힐 당시 예루살렘은 적군에게 포위

---

10 대략 주전 733년

되어 있었습니다. 이사야의 말에 따르면 한 젊은 여인이 아이를 가질 것이며 그 아기는 남자아이입니다. 그 여인은 아이에게 '임마누엘', 곧 '하느님께서 우리와 함께 계신다'라는 이름을 지어주어 그를 희망의 표징으로 삼을 것입니다. 그 아이가 젖을 떼기 전에 적군은 패배할 것이며 예루살렘은 다시 회복될 것입니다. 이사야 예언자의 메시지는 7~8세기 후 어떤 일이 벌어질지에 관한 이야기가 아니었습니다. 그것은 예언자 자신과 함께 고통당하던 동시대인들의 용기를 북돋우기 위한 것이었습니다. 구약성서가 그리스어로 번역되었을 때, 히브리어 '여인'은 그리스어 명사 파르테노스_παρθένος, 즉 '처녀'(동정녀)로 번역되었습니다. 원문의 맥락을 무시하고 이 구절을 미래에 대한 약속으로 처리함으로써 마태오는 이를 예수의 탄생에 관한 예언으로 이해할 수 있었습니다. 본래의 본문을 재활용해 새로운 상황에 적용한 것입니다.

이런 식으로 구약성서 본문을 다루는 것을 본다면 학자들은 아연실색하겠지요. 우리는 성서 본문을 깊은 존경을 담아 다뤄야 한다고, 그 본문의 맥락이 무엇인지 확인하고 그 구절이 어떤 뜻을 갖게 되었는지가 아니라 본래 어떤 의미를 가지고 있는지를 물어야 한다고 배웠습니다. 우리는 본문이 본래의 맥락에서 벗어나 새로운 방식으로 사용될 때 이를 곱게 바라보질 못합니다. 그러나 마태오가 이 본문을 두고 행한 작업은 영적으로 깨어 있는 사람들이, 유대인과 그리스도교인이, 시인과 화가와 같은 선각자들이 특정한 본문을 가지고 행해 온 작업입니다. 그들은 본문의 새로운 의미를 발견했고 다양한 상황과의 연관성을 찾아냈습니다. 새로운 상황에 걸맞은 새 의미를 발견하는 이 작업은 성서 본문뿐만 아니라 다른 텍스트에 대해서도 자주 일어나는 일입니다. 《티퍼레리까지는 길이 멀구나》It's a Long Way to Tipperary라는 노래를 예로 들어 봅시다. 본래 이 노래는 런던에 사는 아일랜드인이 자신의 고향을 그리워하며 부른 낭만적인 곡입니다. 그런데 이 노래가 제1차 세계대전 때 군인들이 즐겨 부르면서 참호 속에서 고향을 그리워하던 이들의 노래로 여겨지기 시작했습니다. 군인들의 고향은 아일랜드가 아니지만, 그것과는 무관하게 이 노래는 그들의 노래가 되었습니다.[11] 이와 마찬가지로 성서 역시 끊임없이 재활용되어 왔습니다. 어떤 면에서는 신약성서 그 자체가 거대한 재활용의 산물이라 할 수 있습니다. 오늘날 우리가 옛 본문에서 새로운 의미를 길어 올리는 것처럼 말이지요. 우리가 처한 상황 속에서 본문

---

11   David Stacey, *Isaiah 1-39* (Epworth Press, 1993) 58.

이 말을 걸어올 때 우리는 언제나 이러한 작업을 할 수밖에 없습니다. 물론 여기에는 매우 중요한 신학적 원칙이 있습니다. 한편으로 우리는 예언자 이사야의 말을 단 하나의 사건을 가리키는 것으로 여길 수 있습니다. 이렇게 볼 때 이 예언은 주전 733년에 예루살렘의 운명을 두고 한 말이거나 예수의 탄생에 관한 말일 것입니다. 그러나 다른 한편 우리는 예언자 이사야의 말 이면에 하느님께서 당신의 백성을 거듭 구원하시리라는, 또한 모든 역사 가운데 그들과 함께하시리라는 확신이 자리하고 있다고도 말할 수 있습니다.[12] 마태오는 예수의 탄생을 통하여 바로 그 일이 일어났다고 말하고 있는 것입니다.

자, 이제 2장으로 넘어가 볼까요.

예수께서 헤로데 왕 때에 유다 베들레헴에서 나셨는데 그때에 동방에서 박사들이 예루살렘에 와서 "유대인의 왕으로 나신 분이 어디 계십니까? 우리는 동방에서 그분의 별을 보고 그분에게 경배하러 왔습니다" 하고 말하였다. 이 말을

---

12 "먹"과 "성령"을 비교하는 바울을 참조하라. "여러분은 분명히 그리스도께서 우리를 시켜 써 보내신 소개장입니다. 이 소개장은 먹으로 쓴 것이 아니라 살아 계신 하느님의 성령으로 쓴 것이며 석판에 새겨진 것이 아니라 여러분의 마음속에 새겨진 것입니다." (2고린 3:3)

들고 헤로데 왕이 당황한 것은 물론, 예루살렘이 온통 술렁거렸다. 왕은 백성의 대사제들과 율법학자들을 다 모아놓고 그리스도께서 나실 곳이 어디냐고 물었다. 그들은 이렇게 대답하였다. "유다 베들레헴입니다. 예언서의 기록을 보면, '유다의 땅 베들레헴아, 너는 결코 유다의 땅에서 가장 작은 고을이 아니다. 내 백성 이스라엘의 목자가 될 영도자가 너에게서 나리라' 하였습니다." 그 때에 헤로데가 동방에서 온 박사들을 몰래 불러 별이 나타난 때를 정확히 알아보고 그들을 베들레헴으로 보내면서 "가서 그 아기를 잘 찾아보시오. 나도 가서 경배할 터이니 찾거든 알려주시오" 하고 부탁하였다. 왕의 부탁을 듣고 박사들은 길을 떠났다. 그 때 동방에서 본 그 별이 그들을 앞서 가다가 마침내 그 아기가 있는 곳 위에 이르러 멈추었다. 이를 보고 그들은 대단히 기뻐하면서 그 집에 들어가 어머니 마리아와 함께 있는 아기를 보고 엎드려 경배하였다. 그리고 보물 상자를 열어 황금과 유향과 몰약을 예물로 드렸다. 박사들은 꿈에 헤로데에게로 돌아가지 말라는 하느님의 지시를 받고 다른 길로 자기 나라에 돌아갔다. (마태 2:1~12)

예수가 태어난 뒤 동방에서 현자들magi이 예루살렘으로

와 유대인의 왕이 될 아기를 찾습니다. 별을 보고 예수를 찾아온 것을 볼 때 동방의 현자들은 점성술에 정통한 지혜로운 이들로 보입니다. 고지식하고 어찌 보면 순진했던 그들은 자신들이 예루살렘에 찾아온 이유를 숨기지 않습니다. 이를 알게 된 헤로데 왕은 매우 당황합니다. 자신이 왕좌를 빼앗길 위험에 처했다고 생각한 것이지요. 그는 유대교 학자들을 불러다 이 일을 어찌해야 할지 자문하는데, 그들은 베들레헴에 메시아가 난 것 같다고 말하며 그 증거로 미가서에 기록된 구절을 언급합니다.

> 유다의 땅 베들레헴아,
>
> 너는 결코 유다의 땅에서 가장 작은 고을이 아니다.
>
> 내 백성 이스라엘의 목자가 될 영도자가 너에게서 나리라.
>
> (미가 5:1, 2사무 5:2)

헤로데(헤롯)는 현자들을 베들레헴으로 보내면서 "아기를 잘 찾아보시오. 나도 가서 경배할 터이니 찾거든 알려주시오"라고 말합니다. 그들은 별을 따라 베들레헴으로 떠납니다. 목적지에 도착했을 때 별은 친절하게도 아기가 있는 곳 위에 멈춥니다. 현자들은 아이에게 경배하고 자신들이 가져

온 선물을 바칩니다. 마태오가 명시적으로 그렇다고 한 것은 아니지만, 이 장면 역시 성서에 등장하는 예언이 성취되는 순간입니다. 이사야서 60장 3절은 "민족들이 너의 빛을 보고 모여들며 제왕들이 솟아오르는 너의 광채에 끌려오는구나"라며 사람들이 예루살렘에서 하느님을 예배하러 오리라고 기록합니다. 그리고 6절에는 선물이었던 "금과 향료"를 언급하고 있습니다.[13] 우리는 '마태오가 이 지점에서 구약성서에 등장하는 예언을 언급하는 일을 놓쳤구나' 하고 생각할 수 있습니다. 그러나 이어지는 내용에서 확인되듯 마태오가 구약성서 구절을 직접 인용하지 않으면서도 성서 내용을 자주 반영한다는 사실을 알 수 있습니다. 현자들은 선물을 전한 후 꿈을 통해 경고를 받고 헤로데 왕에게 가지 않고 다른 길을 통해 집으로 돌아갑니다.

이 이야기가 실제로 일어난 일은 아니었을 것입니다. 동방의 현자들이 무슨 이유로 작고 중요치도 않은 작은 나라, 유다의 새로운 왕에 관심을 보이겠습니까? 그리고 그들이 따랐다고 전해지는 별은 무엇이었을까요? 혜성 같은 것이

---

13 "큰 낙타 떼가 너의 땅을 뒤덮고 미디안과 에바의 낙타들이 우글거리리라. 사람들이 세바에서 찾아오리라. 금과 향료를 싣고 야훼를 높이 찬양하며 찾아오리라." (이사 60:6)

었을까요? 이를 해명하기 위한 다양한 시도가 있었습니다만 별들은 결코 이야기 속에서처럼 움직이지 않습니다. 더군다나 별이 그렇게 움직였다 하더라도 왜 그 별은 동방 박사들을 베들레헴으로 곧장 데려가지 않고 예루살렘을 먼저 들렀을까요? 그들이 예루살렘을 우회했기 때문에 마태오는 또 다른 성서 구절, 메시아가 베들레헴에서 태어나리라는 성서 본문을 언급할 수 있었습니다. 우리는 이 구절을 듣고 예수가 베들레헴에서 났으니 그가 "유대인의 왕"이라는 사실을 한 번 더 확신하게 됩니다. 하지만 동방 박사들이 예루살렘을 방문하는 바람에 헤로데의 경계심도 부추기게 되었습니다. 박사들에게 속았음을 알게 된 헤로데는 자신의 군사들을 보내 베들레헴 지역의 어린아이들을 모조리 죽일 것을 명령합니다. 이로써 예언자 예레미야가 말했던, 라헬이 자식을 잃고 슬피 울리라는 예언이 성취됩니다.[14] 마태오의 이야기는 심각한 신학적 문제를 초래합니다. 독자는 현자들을 예루살렘으로 먼저 이끈 별이 얼마나 신성한 것이든 실수를 저질렀다고 느끼지 않을 수 없습니다. 결과적으로 현자들의 방문

---

14 "나 야훼가 말한다. 라마에서 통곡 소리가 들린다. 애절한 울음소리가 들린다. 라헬이 자식을 잃고 울고 있구나. 그 눈앞에 아이들이 없어 위로하는 말이 하나도 귀에 들어가지 않는구나." (예레 31:15)

이 죄 없는 아이들의 죽음으로 이어졌으니 말이지요. 예수와 그의 부모는 천사들의 경고를 전달받고 학살을 피해 이집트로 도망칩니다. 이들이 도피함으로써 아기가 목숨을 구했을 뿐만 아니라 또 다른 예언이 성취됩니다.

> 내 아들 이스라엘이 어렸을 때, 너무 사랑스러워,
>
> 나는 이집트에서 불러내었다. (호세 11:1)

우리는 또 한 번 구약성서의 구절이 재활용되고 있는 본문과 만납니다. 호세아의 이 구절에서 등장하는 "아들"은 본래 출애굽기에서 하느님의 도우심으로 이집트를 탈출한 이스라엘 민족을 가리킵니다.[15] 그러나 마태오는 이 본문을 예수, 하느님의 아들로 알려진 한 인물을 가리키는 데 사용합니다. 헤로데 왕이 죽은 후에야 요셉의 꿈속에서 한 천사가 예수의 가족이 다시 돌아와도 안전하다는 소식을 전합니다. 그는 헤로데의 아들이 유대 지방의 왕이 되었다는 말을 듣고 유대 지방을 피해 또 다른 꿈에서 일러주는 대로 예수를 나자렛으로 데려갑니다. 마태오는 이러한 방식으로 예언자들이 예언

---

15 "내 아들 이스라엘이 어렸을 때, 너무 사랑스러워, 나는 이집트에서 불러내었다." (호세 11:1)

했던 "그를 나자렛 사람이라 부르리라"*는 말이 성취되었다고 결론 내립니다.

우리는 마태오 복음서 2장이 '실제 일어난 사건'과 얼마나 가까운지 모르고, 또한 알 수도 없습니다. 우리는 마태오가 정확히 어떤 전승 자료를 사용했는지조차 알 수 없습니다. 역사를 묻는다고 해서 우리가 많은 것을 알거나 이해하게 되지는 않을 것입니다. 또한 마태오가 여기서 전하는 이야기가 역사보다는 전설에 기반해 있다고 여길만한 충분한 근거들도 있습니다. 여기서는 그런 식의 물음을 던지기보다 신학적인 물음을 다루려 합니다. 우리가 물어야 할 질문은 바로 이것입니다. 마태오가 여기서 예수에 관하여 전하려는 메시지는 무엇일까요? 그는 무엇을 알리려는 것일까요?

가장 분명한 첫 번째 대답은 그가 예수의 탄생과 관련해 벌어진 모든 일이 구약성서가 전하는 이야기의 성취였음을 강조하려 했다는 점입니다. 예수가 태어난 장소, 이집트로

---

* 이 문구는 구약성서 또는 구약 외경 어디에도 등장하지 않는다. 그리스 원전에서는 그는 "그는 나조라이오스Ναζωραῖος라 불리리라"고 한다. 나조라이오스는 우선 "나자렛 사람"이란 뜻이다. 그러나 부차적으로는 나지르인(나실인נָזִיר)을 뜻할 수도 있다. 나지르란 적어도 30일 이상 삭발하지 않고 술을 마시지 않으며 시체를 가까이 하지 않기로 서원한 사람이다. 마지막으로 나조라이오스는 다윗의 아버지인 이새의 뿌리에서 돋아난 "새싹"(네체르נֵצֶר), 곧 메시아를 가리킬 수도 있다.

피신한 일, 나자렛에서 성장했다는 것 등 이 모든 것이 이미 구약성서가 예언했던 일이라는 것이지요. 그런데 이 언급들 중에 가장 의아한 것은 나자렛과 관련한 구절입니다. 그 누구도 마태오가 인용한 나자렛 관련 성서 본문을 찾을 수 없었기 때문입니다. 그가 가지고 있던 구약성서가 우리가 가진 구약성서와 차이가 있거나, 그가 기억에 의존해서 성서를 인용하다가 벌어진 실수일 수도 있습니다. 그럼에도 마태오가 이를 통해 무엇을 전하려 했는지 파악하기란 그리 어렵지 않습니다. 예수의 탄생을 둘러싼 모든 사건은 구약성서를 성취한 일이라는 것이지요. 이 모든 일이 하느님의 목적을 이룬 것이기에, 우리는 이야기 중에 천사들의 등장을 자주 목격하고 이를 통해 예수가 어떠한 위협에서도 보호받을 것이며 하느님의 목적을 이룰 것이라는 사실을 확신하게 됩니다.

이러한 맥락에서는 죄 없는 아이들이 학살된 일조차 성서 이야기의 성취에 해당합니다. 하지만 우리는 어떻게 그 아이들의 죽음이 하느님의 계획에 포함될 수 있느냐고, 왜 예수의 목숨을 노리게 두었냐고 물을 것입니다. 마태오는 이 이야기들을 활용해 신학적인 핵심을 강조하고 있습니다. 왜 사람들은 예수를 죽이려 했던 걸까요? 왜 그토록 기쁜 사건인 예수의 탄생이 엄청난 고통을 불러와야 했을까요? 마태오는 이미 우리에게 예수가 다윗의 후손이며, 그렇기에 유대인의 왕이 될 인물임을 보여주었습니다. 하지만 이 장면을 보면 분명하게 떠오르는 인물이 하나 있습니다. 바로 모세입니다. 폭압적인 정치로 이스라엘 민족을 다루었던 독재자는 헤로데가 처음이 아니었습니다. 출애굽기를 살펴보면 우리는 이스라엘의 남자아이를 전부 살육하려 했던 이집트의 파라오를 만나게 됩니다. 유대 전통에 따르면 그가 어린 남자아이를 살육한 이유는 미래에 이스라엘 민족을 해방할 인물이 태어나리라는 경고를 받았기 때문입니다.[16] 파라오는 어린 남자아이가 태어나면 즉시 강물에 집어넣어 죽이라고 명령합니다. 하지만 당신의 백성을 향한 하느님의 계획이 성취되는 것을 막아서려던 파라오의 시도는 실패하고 맙니다. 하느님은 모세 아버지의 꿈에 나타나 말씀하셨고 아이가 태어났을 때 숨기셨으며 파라오의 딸을 통해 그를 구하셨습니다.

완벽히 겹친다고는 할 수 없지만 모세의 이야기와 예수의 이야기가 서로 겹친다는 사실은 분명합니다. 이야기 속에 등장하는 아이는 악한 왕에 의해 살육될 위기에 처합니다. 결과적으로 죄 없는 아이들이 학살됩니다. 또한 하느님의 개입

---

16 Josephus, *Antiquities* II, 205. 『요세푸스: 유대고대사』(생명의 말씀사)

이 아이의 목숨을 살립니다. 예수는 모세가 그랬듯 그의 어린 시절을 이집트에서 보냅니다. 모세와 예수 모두는 자신의 고향에서 도망쳐 나왔고 독재자가 죽고 나서 다시 고향으로 돌아옵니다. 두 이야기의 병행은 우연이 아닙니다. 어떤 의미에서 예수의 탄생 이야기는 모세의 이야기를 재현하는 것입니다. 왜 그럴까요? 마태오는 우리가 예수를 다윗의 자손, 다윗 가문에서 난 메시아로 볼뿐만 아니라 새로운 모세로, 자신의 백성을 구원할 인물로 바라보길 원했습니다. 모세가 자신의 백성을 이집트 노예살이에서 구해냈다면, 예수로 불리는 이 인물은 자신의 백성을 그들의 죄에서 구해낼 것입니다. '예수'라는 이름은 더할 나위 없이 적절한데, 모세의 뒤를 이어 이스라엘 민족을 약속의 땅으로 인도한 인물도 '여호수아'(예수)라고 불렸기 때문입니다.

그리스도교인들은 예수 시대 당시 유대인들이 가지고 있던 메시아에 대한 기대가 매우 확고했으며 그래서 그가 다윗의 후손이었다는 데만 집중했다고 생각하는 경향이 있습니다. 그러나 그것은 기대를 이루는 복잡하게 얽힌 실타래 중 하나의 실마리에 불과합니다. 당시 사람들에게 퍼져 있던 또 하나의 중요한 희망은 모세와 같은 예언자를 하느님께서 보내시리라는 것이었습니다.[17] 왕이 그러하듯 그 역시 기름 부음 받은 자이며 그의 일을 하도록 하느님께서 구별하신 인물입니다. 우리는 예언자들을 그리 중요하게 여기지 않고는 하는데, 그들을 예수와 견주어 비판적으로만 보기 때문일 것입니다. 우리는 예언자들이 얼마나 중요한 인물들이었는지를 잊어버렸습니다. 하느님께서는 그들을 통해 말씀하시고 활동하셨는데도 말이지요. 예언자 중에서도 가장 중요한 인물인 모세는 이스라엘 민족을 이집트에서 구해냈고 시나이 산(시내 산)에서 하느님께서 자신에게 주신 율법을 전달한 인물입니다. 여러 면에서 모세는 이스라엘 역사에서 가장 위대한 인물이며 그와 관련된 사건들은 이스라엘 역사에서 잊을 수 없는 중대한 일들이었습니다. 그중에서도 출애굽(이집트 탈출), 과월절(유월절), 율법은 이스라엘 민족의 삶을 형성한 근본적인 사건입니다. 마태오가 지금 우리에게 예수를 '새로운 모세'로 전하고 있다면 이 요소는 앞서 그가 전한 다른 이야기와 더불어 매우 중요한 정보가 될 것입니다.

마르코 복음서의 도입부를 살필 때, 저는 그 부분이 복음

---

17 "나는 네 동족 가운데서 너와 같은 예언자를 일으키리라. 내가 나의 말을 그의 입에 담아주리니, 그는 나에게서 지시받은 것을 그대로 다 일러줄 것이다." (신명 18:18)

서의 나머지 부분과는 다른 형식을 하고 있다고 말한 바 있습니다. 그곳에서 우리는 구약성서 인용구, 하늘에서 들려오는 목소리, 사탄과 성령을 만났습니다. 마태오가 도입부에서 사용하는 자료 또한 특이합니다. 족보, 꿈속에 나타난 천사, 신비한 별을 따라온 현자들과 같은 요소 말이지요. 성서 인용의 경우만 복음서의 후반부에 이르기까지 이따금 계속될 뿐입니다. 마르코 복음서의 도입부에서 그가 알려주는 정보는 그가 전할 나머지 본문을 이해할 수 있도록 해준다는 점에서 특히 중요합니다. 우리는 예수가 구약성서가 예견한 인물이라는 사실을 알기에 그가 그토록 권위 있게 가르치고 활동하는 이유를 이해할 수 있습니다. 또한 예수가 사탄과 싸웠다는 것을 알기에 이후 그가 더러운 영을 내쫓을 수 있었던 이유를 이해할 수 있습니다. 그리고 그가 하느님의 아들임을 알기에 우리는 마르코 복음서의 막바지에 등장하는 백인대장이 경외에 차 내뱉었던 말, "이 사람이야말로 정말 하느님의 아들이었구나"가 얼마나 중요한 말이었는지를 깨닫게 됩니다. 마찬가지로 마태오가 우리에게 전해준 정보는 그의 복음서를 읽을 때 매우 중요한 요소가 됩니다. 그가 지금껏 전해준 이야기는 우리가 그의 복음을 이해하도록 돕기 위한 장치입니다.

그렇다면 마태오는 왜 예수를 모세와 같은 인물로 제시하는 데 심혈을 기울이는 걸까요? 복음서를 조금 더 읽어나간다면 세례와 유혹 이야기 다음으로 나오는, 이 복음서에서 첫 번째로 등장하는 핵심 사건이 산상수훈이라는 것을 발견하게 됩니다. 여기서 마태오는 우리에게 마르코 복음서에 등장하는 어떤 이야기보다 더 긴 예수의 가르침을 전합니다. 가르침의 배경이 '산 위'라는 사실은 매우 중요합니다. 출애굽기는 모세가 하느님과 이야기하기 위해 시나이 산에 올랐으며, 다시 내려와 사람들에게 하느님께서 전하신 말씀을 전달했다고 이야기합니다. 마태오 복음서에서도 예수는 산에서 이야기합니다. 그는 자신의 권위를 나타내 보이듯 자리에 앉아 모세의 가르침을 상기시키며 이야기를 전합니다. 그는 자신의 가르침이 모세가 전했던 율법의 완성이라 주장합니다. 그중에는 이따금 모세를 반박하는 듯한 말도 있습니다.

너희는 … 하신 말씀을 들었다. 그러나 나는 너희에게 이렇게 말한다.[18]

---

18 마태 5:21,27,31,33,38,43

하지만 여기서 '그러나'로 번역된 그리스어 '데'δὲ는 강한 반대를 의미하지 않으며 다른 맥락에서 이 말은 '그리고'로 번역되기도 합니다. 게다가 마태오 복음서에 등장하는 가르침(5:21~48)을 유심히 살핀다면 그 안에 극적인 대조는 드러나지 않는다는 사실을 알 수 있습니다. 예수는 율법의 이면에 있는 거룩한 뜻을 드러냅니다. 그는 율법에 살을 붙여 율법을 완성합니다. 예수의 가르침은 모세의 가르침보다 더 날카로우며 본래 하느님의 의도에 더 가깝습니다.

이 강의 내용의 세부 사항들을 다듬고 있을 때 빅토리아 대학교에서 팩스로 몇 가지 서류를 보냈는데 제가 받은 서류들은 무언가 이상했습니다. 제 팩스가 똑같은 내용을 담은 인쇄지를 세 차례나 뱉어내고 한쪽을 빠뜨렸기 때문이지요. 게다가 모든 인쇄물의 품질은 엉망이었습니다. 하지만 본래 서류는 그렇지 않았을 것입니다. 산상 수훈 이야기에서 마태오가 우리에게 준 것은 참으로 하느님의 뜻을 알고 이를 가르치는 이인 예수의 것입니다. 그때까지 사람들이 받아본 것이 모세를 통해 전해 받은 불완전한 팩스 사본이었다면, 이제 그들은 원본을 갖게 되었습니다. 예수가 모세보다 더 훌륭하기 때문이지요. 예수의 가르침이 모세의 것의 사본이 아니라, 모세의 가르침이 사본이며 예수가 우리에게 원본을 주는 것입니다.

예수가 훌륭한 교사라는 주제는 마태오의 이야기 전체를 통해서도 확인됩니다. 그러니 아기 예수가 기적적으로 구출된 이야기는 당연히 모세의 구출 사건을 떠올리는 것이어야 하지요. 마태오 복음서 도입부의 나머지 부분은 우리가 그의 복음서를 이해하는 데 필수적인 정보를 전달합니다. 우리가 앞서 살폈듯 예수는 다윗의 적법한 후손이며 유대인의 왕입니다. 예수가 왕이라는 생각은 복음서 뒷부분까지 이어져서 그는 유대인의 왕으로 죽습니다.[19] 그가 예수라 불린 것은 그가 자기 백성을 죄로부터 구해낼 것이기 때문이었습니다. 복음서의 결말에서 우리는 예수가 죄를 용서하기 위해 피를 흘렸음을 깨닫게 됩니다.[20] 예수는 이방인에 의해 왕으로 인정받으며 그들에게 경배받습니다. 여기에는 예수가 자기 사명의 범위를 유대 민족으로 한정하고 있다 해도 그의 죽음 이후에는 이방인에게도 응답할 기회가 찾아오리라는 암시가 담겨있습니다.[21] 이 복음서의 마지막 구절은 부활한 그리스

---

19 마태 27:11,29,37,42
20 "이것은 죄를 사하여 주려고 많은 사람을 위하여 흘리는 나의 피, 곧 언약의 피다." (마태 26:28)
21 마태 8:11, 12:18,21, 25:31~46. 마태 21:43과 22:8~10에서는 이방인을 암시하고 있다.

도의 말을 전합니다.

> 너희는 가서 이 세상 모든 사람들을 내 제자로 삼아 ... 내가
> 너희에게 명한 모든 것을 지키도록 가르쳐라. (마태 28:19~20)

예수의 가르침은 계속 이어질 것입니다. 유대인들에게 전해졌듯 이방인들에게도 전해질 것입니다. 이야기의 시작 부분에 등장하는 현자들, 즉 이방인들은 결국 예수를 경배하게 될 많은 민족과 나라를 상징합니다. 초반에 등장한 로마의 꼭두각시 왕이 예수를 죽이려 했던 이야기 역시 마찬가지입니다. 그의 음모는 이야기 막바지에 예수와 대립했던 유대교 권력자들의 음모를, 그리고 로마 총독의 명령에 따른 예수의 처형을 암시합니다. 그러나 이러한 음모들은 모두 하느님에 의해 좌절됩니다. 이야기 초반에는 예수가 이집트로 피신함으로써, 그리고 이야기 결말에서는 그의 부활로 인해 음모는 산산이 조각납니다. 죄 없는 이들의 죽음은 우리에게 하느님의 계획도 고통 없이는 성취될 수 없음을 깨닫게 합니다. 복음 이야기는 예수 자신이 겪은 수난 이야기이지만, 장래에는 그를 따르는 이들이 겪을 수난도 끌어안게 될 것입니다. 이 복음서 도입부가 우리에게 들려준 이야기는 이야기의 결말

을 암시합니다. 이야기의 시작이 그 끝에 가서 분명해질 생각들을 미리 보여주는 것입니다. 그러나 이야기의 결말은 또 다른 시작일 뿐입니다. 제자들은 온 세상에 이 복음을 전하기 위해 보냄을 받기 때문입니다.

우리 가운데서 일어난 일들에 대하여 차례대로 이야기를 엮어 내려고 손을 댄 사람이 많이 있었습니다. 그들은 이것을 처음 부터 말씀의 목격자요 전파자가 된 이들이 우리에게 전하여 준 대로 엮어냈습니다. 그런데 존귀하신 데오필로님, 나도 모든 것을 시초부터 정확하게 조사하여 보았으므로, 각하께 그것을 순 서대로 써 드리는 것이 좋겠다고 생각하였습니다. 이리하여 각 하께서 이미 배우신 일들이 확실한 사실임을 아시게 되기를 바 라는 바입니다. (루가 1:1~4)

03

영적인 열쇠

루가 복음서 1~2장

각 시도는 매번 전혀 다른 시작이니[1]

신약성서의 맨 앞에서 만나는 세 복음서, 마태오와 마르코, 그리고 루가 복음서는 여러 면에서 매우 유사합니다. 우리는 세 복음서에서 동일하거나 거의 유사한 표현을 발견합니다. 그러나 도입부만은 눈에 띄게 다릅니다. 그 이유는 무엇일까요? 여태까지 저는 복음서 저자들이 도입부를 통해 자신이 중요하게 여기는 신학적 주제를 강조하고자 했으며,

---

1 T.S. Eliot, *Four Quartets*, East coker 5.

복음서의 나머지 부분을 읽을 때 주의해야 할 사항을 전달하려 했다고 이야기했습니다.

누군가 왜 루가는 다른 복음서 저자들과는 다른 도입부를 전하느냐고 묻는다면, 저는 무엇보다도 그가 예수의 생애와 그에 뒤이은 제자들의 선교 속에 성령께서 활동하셨음을 강조하기 위해서였다고 답하겠습니다. 하지만 이런 말을 덧붙이겠습니다. 루가 복음서의 여러 서문 중 어떤 것을 살펴볼지부터 정해야 한다고 말이지요.

루가는 시작이 어렵다는 것을 깨달은 사람 중 하나였던 것 같습니다. 그는 서문 쓰는 일에 골몰했습니다. 루가를 보면 제가 가르쳤던 학생 한 명이 떠오릅니다. 그 학생은 연구원으로 저와 함께 5년 동안 일했는데, 자신이 쓰고 있는 논문을 계속해서 보여주곤 했습니다. 매번 논문은 이전 논문보다 좀 더 길게 작성되어 있었고, 매번 그 제목은 '서론'이었습니다. 저는 그에게 "언제 서론 마치고 본론으로 들어갈 건가요?"하고 물었지요. 사실 논문의 전체 내용은 이미 서론에 담겨 있었습니다. 루가도 마찬가지입니다.

루가의 첫 번째 서문은 매우 간략합니다. 형식적인 시작이라고 볼 수 있지요. 우리는 이를 문학적인 서문이라고 부를 수 있겠습니다. 형식 면에서 보면 이는 동시대에 쓰인 다른 문학 작품들의 서문들과 매우 비슷합니다. 루가는 신약성서 저자 중에서 가장 기교가 세련된, 문학적으로 가장 잘 훈련된 인물입니다. 그는 그리스어를 가장 능란하게 사용하는데 이는 분명히 문학적인 글을 쓰는 수련을 받았다는 증거이겠지요. 그렇다면 그가 문학적인 문체로 글을 썼다는 점이 그리 놀랍지는 않습니다. 책의 겉표지와 출판사의 출간 도서목록이 없던 시대에 글을 쓰는 사람은 자신의 잠재적 독자들에게 자신의 작품이 어떤 글인지를 아주 빠르게 말해주고, 글을 계속해서 읽어야만 하는 가치를 설명해야만 했습니다. 루가의 책이 '데오필로'(데오빌로)라는 사람에게 보내는 것이라고는 하나, 그는 분명 더 많은 이가 이 글을 읽기를 바랐을 것입니다. 흔히 사람들은 루가를 '교회 최초의 역사가'라고 부르곤 합니다. 그러한 면에서 루가 복음서의 간략한 서문을 헤로도토스Herodotus와 투키디데스Thucydides 같은 고대 역사가들이 자신의 역사서를 시작하며 쓴 서문과 비교하는 것은 자연스러운 일입니다.[2] 물론 역사서 말고도 루가 복음서와 유사성을 지닌 흥미로운 작품들이 있습니다.[3] 주전 2세기 혹

---

2   이에 관해서는 다음을 참조하라. I. H. Marshall, *Luke: Historian and Theologian* (Paternoster Press, 1970), 『누가행전』(엠마오)

3   얼Donald Earl은 『고대 역사저작의 프롤로그 형식』*Prologue-form in Ancient*

은 1세기 한 헬라화된 유대인이 기술한 『아리스테아스의 편지』Letter of Aristeas를 시작하는 말을 예로 살펴보겠습니다.

> 나는 유대인들의 대사제 엘르아잘Eleazar에게 다녀오며 이를 기억에 남을 만한 역사로 기록하기 위한 자료들을 모아두었다. 또한 필로크라테스Philocrates 그대가, 내가 이 임무를 맡게 된 이유들과 그 임무의 목적에 관한 이야기를 몹시도 듣고 싶어 한다는 것을 기회를 놓치지 않고 내게 상기시켜주었으니, 나는 그대를 위해 그 일에 관해 명쾌히 설명하려 한다. 이는 그대가 배움을 향한 타고난 사랑을 지니고 있음을 내가 알기 때문이다.

이를 루가 복음서를 시작하는 말과 비교해 보십시오.

> 많은 사람들이 우리 가운데서 이루어진fulfilled 일들에 관한 이야기를 엮는 데 손을 대었습니다. 그것은 처음부터 목격하고 말씀의 시종이 된 사람들이 우리에게 전해준 대로 한

Historiography에서 이 구절들이 『일리아스』Iliad와 『오뒷세이아』Odyssey의 도입부와 유사하다고 주장한다. 반면 알렉산더Loveday Alexander는 루가의 도입부를 그녀가 정한 분류 기준에 따라 '학문적 전통'scientific tradition에 배치한다.

것입니다. 저 역시 모든 일을 그 시초부터 정확하게 알아보았습니다. 그리하여 존귀하신 데오필로님, 당신을 위해서 순서대로 기록하고 싶은 마음이 들었습니다. (읽어 보시고) 당신이 이미 배우신informed 말씀들이 틀림없다는 것truth을 확인하시기 바랍니다. (루가 1:1~4)*

루가는 자신의 복음서를 통상적인 방식으로 시작하고 있습니다. 그는 자신이 하는 일이 무엇인지 명확히 표명합니다. 그의 말에 따르면 그는 일어난 일들에 대하여 "순서대로 기록"하려 합니다. 그렇다면 어떤 순서를 말하고 있는 것일까요? 그는 이에 대해 언급하지 않습니다. 흔히 사람들은 루가가 의도한 바가 '연대기적 순서'라고 생각하지만, 이 순서란 '신학적 순서'인지도 모릅니다. 이를 확인하기 위해서는 복음서를 더 읽어나가야겠지요. 일단은 먼저 루가가 사용하는, 다소 숨은 의도가 있는 언어에 담긴 단서들에 주목해 봅시다. 그가 사용한 언어에 이를 해명할 단서가 담겨 있다는 사실을 기억해야 합니다. 그는 "우리 가운데서 이루어진(성취된)fulfilled 일들"에 관해 말합니다. 우리 눈에 보기에는 이

---

*   위 성서 본문은 다음 역본을 따랐다. 『200주년 신약성서 주해』(분도출판사)

표현보다는 '일어난 일들' 혹은 '벌어진 일들'이라고 하는 것이 더 적절해 보입니다. 하지만 동사 '이루어지다'(성취되다)fulfil는 루가가 사건들을 어떻게 바라보고 있는지를 알려줍니다. 또 그가 의지하고 있는 증언자들을 어떻게 묘사하는지를 주목해 봅시다. 루가는 그 증언자들이 편견이 없는 독립적인 증언자라고 이야기하지 않습니다. 오히려 그는 증언자들을 "목격하고 말씀(곧 복음)의 시종이 된 사람들"이라고 부릅니다. 끝으로 루가는 데오필로가 이미 배운 말들이 틀림없음을 확인하기 바라는데, 여기서 우리가 "틀림없음(참됨)"truth으로 번역한 단어는 '믿을 만함'reliability, '확실함'assurance에 가까울 것입니다. 그리고 '알리다'to inform에 해당하는 그리스어 동사 '카테케인'κατηχεῖν('세례지원자'(혹은 배우는 자)catechumen라는 영어 명사의 어원입니다)은 '가르치다'instruct라는 뜻을 갖고 있습니다. 그러므로 루가는 데오필로가 이미 가르침을 받은 것들이 믿을 만한 것이라는 확신을 갖기를 바라는 것입니다. 그의 이야기는 분명 평범한 역사서가 아닙니다.

루가의 문학적인 서문(1:1~4)은 그 목적을 글로 보여주기는 하지만 앞서 살핀 마르코와 마태오 복음서의 도입부와는 사뭇 다릅니다. 다른 복음서와 유사한 또 하나의 서문은 그 뒤로 등장합니다. 1장 5절에서 그는 "헤로데가 유대의 왕이

었을 때에..."라는 말로 이야기를 다시 시작하는 데 이 부분
은 마태오 복음서의 1~2장을 떠오르게 합니다. 루가가 이제
베들레헴에서 태어난 예수 이야기를 시작하려나 보다 하고
생각할 수 있지만, 그는 전혀 다른 이야기를 먼저 꺼냅니다.
세례자 요한의 탄생에 관한 이야기 말이지요. 여러분도 기억
하시겠지만 마르코 복음서에서는 예수 그리스도의 복음의
시작을 알려주겠다고 말하자마자 곁길로 새서 세례자 요한
에 관한 이야기로 빠져버립니다(그렇게 보일 수도 있습니다). 당
연히 이유가 있어서 그랬던 것이고 그 이유는 요한을 예수의
길을 준비하는 선구자요, 예수를 증언하는 이로 여겼기 때문
이지요. 루가 역시 그렇게 생각하지만, 그는 그들이 잉태되
던 때까지 거슬러 올라가 이야기를 시작합니다.

따라서 루가의 첫 번째 이야기는 임신하지 못하는 여인
엘리사벳과 혼인한 남편인 사제 즈가리야(사가랴)에 관한 이
야기입니다. 두 사람은 모두 사제 아론의 후예로 나이가 많
이 들었습니다. 어느 날 즈가리야는 성소에 들어가 분향을
하고 있었는데 그때 주님의 천사, 이후 자신을 가브리엘이라
고 밝히는 천사가 나타납니다. 즈가리야는 몹시 당황해 두려
움에 사로잡혔는데 천사는 두려워하지 말라고 말하며 엘리
사벳이 아이를 가질 것인데 아이의 이름을 '요한'으로 지으

라고 전합니다. 천사는 또한 그 아이가 태중에서부터 성령을 가득히 받을 것이며 그가 엘리야의 정신과 능력을 가지고 주님보다 먼저 와서 주님의 오심을 예비하게 되리라고 말합니다. 즈가리야는 너무 당연하게도 천사의 이 메시지를 믿기 어려워하며 그 말이 사실임을 알 수 있게 표징을 달라고 합니다. 즈가리야는 천사의 메시지를 믿지 못했기에 그에 따른 벌로 말을 하지 못하게 됩니다. 이는 그가 바랐던 증거는 아니었지만 천사의 말이 사실임을 알기에는 충분했습니다.

이제 장면은 갈릴래아로 옮겨갑니다. 그곳에서 천사 가브리엘은 다윗 가문 사람 요셉의 약혼녀인 처녀 마리아에게 나타납니다. 천사는 마리아에게 그녀가 아들을 임신하게 될 터이니 아기를 낳으면 이름을 '예수'라 지으라고 말합니다. 또한 그 아기가 지극히 높으신 분의 아들이라 불릴 것이며 그의 조상 다윗의 왕위를 이어가게 될 것이라고 말합니다. 즈가리야가 그랬듯 마리아도 천사의 메시지에 의문을 표하지만 그녀의 반응은 부정적이었던 즈가리야와는 달리 긍정적이었습니다.[4] 마리아는 성령의 능력으로 아이를 잉태하리라

---

4 몰로니Francis J. Moloney는 『복음의 시작』Beginning the Good News에서 그 질문이 그들의 질문 형식에서 찾아야 한다고 주장했다. 마리아는 (매우 합리적으로) 자신이 어떻게 임신할 수 있는지를 묻는다. 즈가리야는 천사의 메시지가 진실한지 어떻게 '알 수 있겠느냐'고 묻는다. 두 반응

는 이야기를 듣게 되고 그녀 역시 표징 하나를 듣습니다. 바로 그녀의 나이든 사촌 엘리사벳이 잉태했다는 사실입니다.

이 두 이야기의 유사성을 발견하기란 어려운 일이 아닙니다. 두 이야기는 2인용 자전거와 같습니다. 루가는 의도적으로 자신의 이야기를 구성해 우리가 이야기의 시초부터, 그들이 탄생하기도 전부터 요한이 예수의 길을 준비하는 선구자이며 예수의 등장을 암시하는 인물임을, 곧 예수를 따를 이들을 위해 길을 예비하는 이임을 깨닫게 합니다.

이제 마리아는 엘리사벳을 찾아갑니다. 그들이 만나는 순간 엘리사벳의 배 속에 든 아기가 뜀놉니다. 마리아의 배 속에 든 아기가 바로 요한이 따를 인물임을 드러내는 것입니다. 엘리사벳은 성령을 가득히 받아 마리아를 축복하며 인사하고, 이에 마리아는 노래로 화답합니다. 당연히 '마리아 찬가'Magnificat라 부르는 이 노래 또한 성령의 영감으로 이뤄진 것이겠지요. 이 노래로 마리아는 하느님께서 행하신 일들, 그리고 행하고 계신 위대한 일들을 찬양합니다.

사이에는 부수적인 차이가 존재하지만 마리아와 즈가리야 모두는 천사의 말이 참되다는 표징을 받는다. 표징에 대한 적절하지 않은 요청과 관련해서는 Morna D. Hooker, *The Signs of a Prophet* (SCM Press Ltd and Trinity Press International, 1997), 17~34 참조.

주님을 두려워하는 이들에게는

대대로 자비를 베푸십니다.

주님은 전능하신 팔을 펼치시어

마음이 교만한 자들을 흩으셨습니다.

권세 있는 자들을 그 자리에서 내치시고

보잘것없는 이들을 높이셨으며

배고픈 사람은 좋은 것으로 배불리시고

부요한 사람은 빈손으로 돌려보내셨습니다.

주님은 약속하신 자비를 기억하시어

당신의 종 이스라엘을 도우셨습니다.

우리 조상들에게 약속하신 대로

그 자비를 아브라함과 그 후손에게

영원토록 베푸실 것입니다. (루가 1:50~55)

물론 이러한 일은 모두 미래에 완성될 것입니다. 우리가 들은 이 노래는 하느님께서 이미 행하신 것에 관한 이야기라기보다는 예수를 통해 앞으로 이루실 일에 관한 이야기입니다. 마리아 찬가는 앞으로 일어날 일들의 요약입니다. 이 이야기 자체도 미래를 가리킨다고 볼 수 있습니다. 이 이야기에서 핵심 역할을 맡은 두 여인은 하느님께서 어떻게 "보잘것없는 이들을 높이"시는지를 보여주기 때문입니다.

　이야기는 두 어머니의 만남에 이어 마침내 두 아이의 탄생에 이릅니다. 엘리사벳은 아들을 낳았고 아이는 8일 뒤 할례를 받았으며 그의 부모는 아이의 이름을 '요한'이라고 붙여 이웃들과 친척들을 의아하게 합니다. 천사의 명령에 순종한 즈가리야는 혀가 풀려 말을 할 수 있게 되었고 하느님을 향한 찬미가Benedictus를 부르며 잃어버렸던 시간을 채웁니다. 그의 아내가 그랬듯 즈가리야 역시 성령을 가득히 받습니다. 학자들은 이 부분에서 루가가 자료를 혼동한 것은 아닌지 묻기도 합니다. 즈가리야가 자신의 아이 요한이 아닌 다른 아이, 즉 예수를 향해 노래하고 있는 것처럼 보이기 때문입니다. 그러나 그의 노래는 분명 요한을 향해 있습니다. 요한은 예수를 예비하는 선구자이며 요한의 탄생은 예수 탄생의 표징입니다. 요한의 탄생이 지닌 진정한 의미는 그가 이제 다가올 구원의 예고라는 것입니다. 그래서 즈가리야는 "우리를 구원하실 능력 있는 구세주를 당신의 종 다윗의 가문에서 일으키셨다"고 노래합니다. 즈가리야의 노래는 이미 마리아가 전했던 노래의 많은 부분을 반복하지만, 끝자락에 이르러 요한으로 초점이 옮겨갑니다.

아가야, 너는 지극히 높으신 하느님의 예언자 되어 주님보
다 앞서 와서 그의 길을 닦으며 죄를 용서받고 구원받는 길
을 주의 백성들에게 알리게 되리니 (루가 1:76~77)

기억하시겠지만 이 구절은 마르코 복음서의 시작 부분에 등
장한 말입니다. 루가는 아기가 자라서 "심령이 굳세어졌다"
고 덧붙입니다.

이제 요한은 무대에서 퇴장하고 예수의 탄생 이야기에 들
어서게 됩니다. 여기서 다윗의 후손인 요셉은 로마 황제의
인구 조사 명령에 따라 베들레헴으로 갔습니다. 역사가들은
이 인구 조사와 관련한 어떤 기록도 존재하지 않을뿐더러 조
상들의 고향으로 이동하여 인구 조사에 참여해야 한다고 요
구한 적도 없었다고 말합니다. 그러나 루가는 나자렛에서 자
란 예수가 어떻게 다윗의 도성인 베들레헴에서 태어나게 되
었는지를 설명하기 위해 자신이 들은 대로 이야기를 기록합
니다. 우리는 이미 두 번씩이나 예수가 다윗의 약속된 후손
임을 들었습니다. 천사가 다시 나타나 지금 일어난 일의 의
미를 들판의 목자들에게 설명합니다.

오늘 밤 너희의 구세주께서 다윗의 고을에 나셨다. 그분은

바로 주님이신 그리스도이시다. (루가 2:11)

목자들 역시 자신들이 들은 바가 사실임을 확인하는 표징을 받았습니다.[5] 구유에 누워있는 아기를 발견하게 될 것이라고 말이지요. 이때 수많은 천사의 무리가 나타나 목자들이 들었던 메시지에 대한 확신을 더해줍니다. 그리고 목자들은 이내 자신들이 들었던 바를 확인하게 됩니다.

예수의 탄생에 관한 이 짧은 이야기에는 1장에서 우리가 들은 찬가의 내용이 담겨 있습니다. 이제 이야기는 앞으로 무슨 일이 일어날지를 가리키고 있습니다. 여행을 가던 중 태어난 아기, 구유 말고는 누일 곳이 없었던 이 아기의 훗날 활동은 여행을 통해 이루어질 것이며 그는 머리 하나 둘 곳 없는 사람이 될 것입니다.[6] 궁핍하고 어려운 상황에서 예수가 태어났다는 것은 그를 보기 위해 찾아온 사람들(목자)이 미천한 출신이었다는 것과 잘 어울립니다. 또한 이들은 값비싼 선물을 들고 왔던 마태오 복음서의 현자들과는 날카로운

---

5 "너희는 한 갓난아이가 포대기에 싸여 구유에 누워 있는 것을 보게 될 터인데 그것이 바로 그분을 알아보는 표다." (루가 2:12)

6 "예수께서는 "여우도 굴이 있고 하늘의 새도 보금자리가 있지만 사람의 아들은 머리 둘 곳조차 없다" 하고 말씀하셨다." (루가 9:58)

대조를 이룹니다. 예수의 탄생을 기쁨으로 맞아들인 사람들이 가난하고 미천했다는 이야기는 다시 한번 루가 복음서의 중심 주제가 무엇인지를 잘 보여줍니다.

예수의 탄생 이야기는 요한의 탄생 이야기보다 더 길기는 하지만, 이 이야기 역시 할례에 관한 이야기로 이어집니다. 이 할례 예식에서 천사가 가르쳐 준 대로 아기는 '예수'라는 이름을 얻게 됩니다. 2장은 앞서 요한의 이야기를 다룬 1장과 비슷한 진술로 끝맺습니다.

> 예수는 몸과 지혜가 날로 자라면서 하느님과 사람의 총애를
> 더욱 많이 받게 되었다. (루가 2:52)[7]

루가는 요한과 예수의 이야기를 의도적으로 나란히 배치해 두었습니다. 놀랄 만큼 특별한 출생을 전하는 두 이야기가 있습니다. 한편에서는 아이를 낳지 못하는 나이 많은 여인이 아이를 갖게 됩니다. 다른 한편에서는 젊은 처녀가 남자와 성적 관계 없이 아이를 낳습니다. 루가는 두 잉태 이야기가 놀라울뿐더러 성령의 활동 없이는 불가능했음을 이야

---

7   다음의 구절 또한 참조하라. "아기는 자라나면서 튼튼해지고, 지혜로 가득 차게 되었고, 또 하느님의 은혜가 그와 함께 하였다." (루가 2:40)

기하는 듯합니다. 마르코 복음서에서 요한은 광야에 나타나 회개의 세례를 선포할 때부터 예수에 대해 증언하지만, 루가 복음서에서 요한은 자신이 태어나기 전부터 예수를 증언합니다. 닮아 있는 두 이야기의 구조는 이 아기들이 누구인지에 관한 결정적인 정보를 제공합니다. 요한은 주님보다 먼저와서 주님의 길을 준비하는 예언자이며, 예수는 영원토록 다윗의 왕국을 다스릴 위대한 왕이 될 것입니다. 예수는 메시아이자 주이며, 하느님의 아들이라 불릴 것입니다. 그는 오만한 자들을 심판하고 비천한 자들을 구원할, 권세 있는 자들을 내치고 보잘것없는 이들을 높일 구원자입니다. 이 모든 이야기는 천사나 성령의 영감을 받은 사람들을 통해 전달되기에 이들의 말은 신뢰할 만합니다. 우리는 다시 한번 사건들의 의미에 대한 하느님의 관점을 미리 엿듣는 특권을 누립니다. 이 복음서를 계속 읽어나가다가 예수가 잃어버린 자를 찾으러 왔다고 선포하는 이야기를 접할 때 우리는 놀라지 않을 것입니다.[8] 더불어 하느님의 나라에 비천하고 버려진 이들이 자리를 차지하고, 반대로 오만한 자들과 권세 있는 자

---

8 ""사람의 아들은 잃은 사람들을 찾아 구원하러 온 것이다" 하고 말씀하셨다." (루가 19:10)

들이 내쳐지리라는 사실을 알게 될 때도 마찬가지입니다.[9]

하지만 요한과 예수를 비교하는 이 이야기는 필연적으로 끝이 있습니다. 루가가 예수의 탄생에 관해 더 자세히 언급하고 싶어 했기 때문입니다. 예수가 태어나고 여덟 번째 되는 날 할례를 행한 뒤, 율법에서 정한 대로 그의 부모는 예수를 주님께 봉헌하기 위해 에루살렘으로 데려갑니다. 그들은 주님의 율법에 적힌 대로 정결례를 행했습니다. 세 절, 2장 22~24절에서 총 세 번, 루가는 이 모든 일이 '율법'에 따라 이루어졌다고 말합니다.[10] 그리고 39절에서 그는 다시 예수의 부모가 주님의 율법이 요구하는 바를 모두 행했다고 강조합니다.[11] 루가는 분명 예수가 율법에 비추어 보았을 때 의로운 이임을 강조하고자 애쓰고 있습니다. 우리가 이 복음서의 이후 장들로 넘어가면 우리는 마태오가 산상 수훈에서 전한

---

9 루가 4:16~20, 5:29~32, 6:20~26, 14:7~24

10 "그리고 모세가 정한 법대로 정결 예식을 치르는 날이 되자 부모는 아기를 데리고 에루살렘으로 올라갔다. 그것은 "누구든지 첫아들을 주님께 바쳐야 한다"는 주님의 율법에 따라 아기를 주님께 봉헌하려는 것이었고 또 주님의 율법대로 산비둘기 한 쌍이나 집비둘기 새끼 두 마리를 정결례의 제물로 바치려는 것이었다." (루가 2:22-24)

11 "아기의 부모는 주님의 율법을 따라 모든 일을 다 마치고 자기 고향 갈릴래아 지방 나자렛으로 돌아갔다." (루가 2:39)

'반립 명제'antitheses[12]뿐 아니라, 마르코와 마태오 복음서에 나오는, 장로들의 전통을 두고 벌어진 논쟁 이야기[13] 또한 (의도했는지 아닌지는 알 수 없지만) 누락하고 있음을 알 수 있습니다. 이는 아마도 이 구절들이 예수가 율법을 공격하는 내용으로 해석될 수 있었기 때문입니다. 마르코와 루가 복음서의 흥미로운 차이점 중 하나는 예수의 십자가 처형 이야기에서 발견됩니다. 마르코 복음서에서 예수가 죽음을 맞이했을 때 백인대장은 "이 사람이야말로 정말 하느님의 아들이었구나!"라고 말합니다. 마르코는 분명 이 말이 신앙 고백으로 들리기를 의도했을 것입니다. 그러나 루가 복음서에서는 백인대장이 이렇게 말합니다.

이 사람이야말로 죄 없는 사람이었구나! (루가 23:47)

이 얼마나 뻔한 말입니까? 예수에 관한 가장 위대한 진실을 드러내는 말 대신 우리는 그가 죄 없는 사람이었다는 표현을 만나게 됩니다. 하지만 루가에게 예수가 '죄 없는' 사람이라는 것은 매우 중요한 문제였습니다. 그의 두 번째 책인 사도

---

12 마태 5:21~48
13 마태 15:1~20, 마르 7:1~23

행전은 여러 차례 예수를 "의로우신ᵣᵢgₕₜₑₒᵤₛ 분"이라고 부릅니다. 그리고 여기, 예수의 삶이 시작되는 이 지점에서 우리는 모든 것이 율법에 따라 이루어졌음을 발견합니다. 예수가 율법을 파괴하는 자라는 비난은 아무 근거가 없습니다.

성전에서 예수를 봉헌하는 이야기를 전하며 루가는 거기서 예수를 알아본 거룩한 두 사람을 언급합니다. 첫 번째 사람은 시므온입니다. 그는 "의롭고 경건하게 살면서 이스라엘의 구원을 기다리"던 사람이었습니다. 루가는 그가 성령의 인도를 받고 있다고 세 번이나 이야기합니다. 그런 그가 예수를 팔로 받아 안고 하느님께서 약속하신 구원을 보았노라고 선포합니다. 이 구원은 "이방인들에게는 주의 길을 밝히는 빛이 되고 주의 백성 이스라엘에게는 영광"이 되는 것이었습니다. 우리는 여기서 이미 알고 있던 것에 새로 추가할 정보를 마주합니다. 지금까지 우리는 예수가 아브라함의 후손들에게 구원을 가져다주리라는 이야기를 전해 들었습니다만, 이제는 그가 찾아옴이 이스라엘뿐만 아니라 이방인들에게도 빛이 된다는 사실을 깨닫게 됩니다. 그러나 시므온은 어머니 마리아에게 "당신의 마음은 예리한 칼에 찔리듯 아플 것"이라고 말합니다. 이 말은 불길하게도 구원이 예수의 죽음을 통해서만 이루어진다는 사실을 떠올리게 합니다.

이제껏 루가가 전달한 이 '특별한' 정보들은 이후 복음서에서 일어나는 사건들을 가리키고 있습니다. 하지만 이방인들에 관한 이야기는 어떤가요? 예수는 그들에게 말씀을 전하지도 않았고, 치유한 이방인도 단 한 명(백인대장의 종)뿐입니다. 하지만 루가는 이 책의 속편을 숨겨두고 있습니다. 속편인 사도행전으로 넘어가면 우리는 도래한 예수가 이방인들에게도 빛이라는 사실을 확인하게 될 것입니다.

루가가 한 권이 아니라 두 권의 책을 저술했다는 사실은 그가 자신의 복음서를 기획한 방식에 관해 흥미로운 질문을 불러일으킵니다. 그는 애초에 두 권짜리 대작을 기획했던 것일까요? 아니면 첫 번째 책이 성공을 거두어서 그 뒷이야기를 담은 두 번째 책을 구상했던 것일까요? 사도행전은 여러 의미에서 '이어지는 이야기'입니다. 우리는 사도행전의 도입부에서 루가가 "예수께서 행하시고 가르치신 모든 일"을 언급하고 있음을, 또한 그의 제자들이 앞서 예수가 그랬듯 가르치고 기적을 행하며 고난받았음을 알게 됩니다. 그러나 루가의 두 번째 책에서는 새로운 주제가 책 전체를 지배하고 있습니다. 바로 이방인을 향한 선교입니다. 그러나 이 주제도 시므온의 말 속에 씨앗으로 심겨 있습니다. 저는 루가가 처음부터 속편을 염두에 두고 있었다고 생각합니다.

하지만 루가 복음서 2장에 등장하는 이방인에 대한 언급은 암시일 뿐입니다. 이방인 선교에 방점을 두고 있는 두 번째 저작을 아는 사람들에게, 율법에 순종하는 예수의 모습을 강조하는 루가 복음서 서문은 모순적으로 보일지도 모릅니다. '이방인의 복음사가'라 불리는 이가 왜 그리도 유대교적일까요? 예수가 이스라엘의 참된 자손이며 그가 성전 제의에 참여하고 구약성서의 약속을 성취한다고 강조하는 루가 복음서 도입부와, 유대인뿐 아니라 이방인에게도 복음이 전해져야 한다고 역설하는 사도행전 속 그리스도교 공동체들의 활동 사이에는 분명히 긴장이 존재합니다. 그러나 이 둘은 서로 긴장을 이루고 있을 뿐이지 모순적이지는 않습니다. 예수는 신실하고 의로운 사람이기에 이방인들에게 빛을 가져다줄 것이며, 지금은 그 안에서 활동하는 성령이 이방인들을 그리스도교 공동체로 인도할 것입니다. 놀라운(그리고 비극적인) 점은 사도행전에서 빛이 복음이라는 형태로 이방인에게 주어지지만 유대인들이 계속해서 이를 거부했다는 사실입니다.

루가는 관련이 있는 두 이야기나 인물, 형식 등을 나란히 전하기를 선호합니다. 우리가 만난 즈가리야와 마리아, 엘리사벳과 마리아, 요한과 예수의 이야기가 그렇고 지금 보고 있는 시므온 이야기에도 그와 짝을 이루는 안나가 등장합니다. 이야기 속 안나는 예언자였습니다. 이 말은 그녀 역시 성령의 영감을 받았다는 뜻이지요. 안나는 예수에게 다가와 하느님께 감사드리고 예루살렘이 구원될 날을 기다리던 모든 이에게 이 아기의 이야기를 전했습니다. 안나가 무슨 말을 했는지는 전해지지 않지만, 우리는 그녀가 믿고 있던 바가 무엇인지 알게 됩니다. 이처럼 중요한 역할을 맡은 이가 여성이라는 점은 루가 복음서의 전형적인 서술 방식입니다.

2장 마지막 이야기는 예수 가족의 또 다른 성전 방문을 다룹니다. 이때 예수의 나이는 열두 살이었습니다. 과월절을 기념하고자 예루살렘을 방문했던 그의 가족은 예수가 성전에 남아있는지도 모른 채 집으로 돌아갑니다. 예수는 그곳에서 가르치던 자들과 토론을 하고 있었는데 그의 말을 들은 모든 사람이 그의 슬기와 대답에 경탄했습니다. 예수의 부모는 그를 보고 깜짝 놀라 꾸짖었는데 예수는 반문합니다. "내가 내 아버지의 집에 있어야 할 줄을 모르셨습니까?" 이 복음서에서 처음 등장하는 예수의 이 말은 이어질 루가의 이야기에서 그가 예루살렘으로 가야만 한다고 고집하게 될 것을 암시합니다.[14] 그는 자신의 마지막 시간을 그곳에서 보내며 성전에서 가르치고 종교 지도자들과 언쟁을 벌입니다.[15] 그때도 예수의 말을 들은 모든 사람은 경탄합니다.

예수를 성전에 봉헌한 이야기, 어린 시절 그가 과월절을 지키러 예루살렘에 갔던 이야기는 루가 복음서에만 나오는 이야기입니다. 여기서 우리는 그의 속편에서 매우 중요해지는 또 다른 주제와 만납니다. 사도행전은 어떻게 사도들이 온 세상에 복음을 전했는지에 관한 이야기이지만 그 일을 시작하는, 그리고 되돌아오게 되는 근거지는 예루살렘입니다. 성전은 이야기에서, 특히 앞부분에서 매우 중요한 역할을 담당하는데, 예수의 제자들이 그곳에서 예배드리고 가르치기 때문입니다. 그리스도교 최초의 순교자였던 스데파노(스데반)는 성전[16]과 율법을 거스르는 말을 한다는 혐의로 고소당하지만[17], 그가 자신을 변호하기 위해 한 말을 유심히 살펴보

---

14 루가 9:51, 13:33

15 루가 19:45~21:38

16 루가 복음서의 흥미로운 지점 중 하나는 이 복음서가 종교 지도자들이 예수에게 던진 문제들을 기록하고 있지 않다는 점이다. 다른 복음서에서 예수는 성전을 파괴하겠다고 위협한 이유로 비난당했다(마태 26:59~63, 마르 14:55~61). 루가는 예수가 성전에 적대적이었다는 이야기를 의도적으로 배제했던 것일까?

17 "또한 거짓 증인들을 내세워 "이 사람은 언제나 이 거룩한 곳과 율법

면 사실 그가 반대한 것이 성전 자체가 아님을 확인하게 됩니다. 그가 반대하고 지적한 것은 사람들이 하느님을 예배하는 데, 그리고 율법을 지키는 데 실패했다는 것이었습니다. 자신에게 뒤집어씌워진 혐의에 대해 죄가 없었던 예수와 같이, 스데파노 역시 자신에게 적용된 혐의에 대해 죄가 없었습니다. 그리스도교인들은 할 수만 있다면 성전에서 하느님을 예배하는 사람들이기 때문입니다. 루가가 갓 태어났을 시절부터 신실하게 성전으로 향하는 예수를 언급한다고 해서 이상할 것이 하나 없습니다. 루가가 성전에서 드리는 예배로 이야기를 시작하고 끝맺는 것도 같은 맥락에서 볼 수 있습니다.[18] 1장에서 즈가리야는 거룩한 곳에서 분향하고(1:8~23) 마지막 장 마지막 절에서도 제자들은 "예루살렘으로 돌아가 날마다 성전에서 하느님을 찬미"하고 지냅니다(24:53).

마르코와 마태오처럼 루가 역시 짧은 분량에 예수에 관한 막대한 양의 정보를 전합니다. 마르코와 같이 루가는 예수

을 거슬러 말하고 있습니다." (사도 6:13)

18 "어느 날 즈가리야는 자기 조의 차례가 되어 하느님 앞에서 사제 직분을 이행하게 되었다. 사제들의 관례에 따라 주님의 성소에 들어가 분향할 사람을 제비뽑아 정하였는데 즈가리야가 뽑혀 그 일을 맡게 되었다. ... 그들은 엎드려 예수께 경배하고 기쁨에 넘쳐 예루살렘으로 돌아가 날마다 성전에서 하느님을 찬미하며 지냈다." (루가 1:8~9, 24:52~53)

를 예비하는 선구자 요한 이야기로 시작하지만, 마태오와 같이 예수의 '어린 시절 이야기'infancy narratives로 이야기의 문을 열기도 합니다. 또한 마태오처럼(그리고 마르코와는 달리) 정보는 처음부터 열려 있고 꽤 많은 이에게 알려져 있습니다. 다른 두 복음서의 저자들이 그랬듯 루가가 우리에게 제시한 정보는 앞으로 전개될 이야기를 이해할 수 있는 열쇠가 될 것입니다. 그리고 루가의 경우 이 열쇠는 사도행전을 이해하는 열쇠이기도 합니다. 하지만 마르코, 마태오와 마찬가지로 그는 우리를 과거로, 하느님께서 당신의 백성을 향해 품으신 계획으로 돌아가게 합니다. 마르코는 복음서를 시작하면서부터 구약성서 본문을 인용해 이를 수행했다면, 마태오는 도입부에 아브라함까지 이어지는 족보를 제시해, 그리고 일련의 구약성서 본문을 인용해 이 작업을 수행했습니다. 우리는 루가가 그의 복음서 1~2장에서 구약성서 본문을 하나도 인용하지 않는다는 사실에 놀랄 수 있습니다. 물론 후반부와 사도행전에는 많이 등장하지만 말이지요. 실제로 인용한 부분이 없다고는 해도 이 두 장은 사실 구약성서를 암시하는 내용으로 이뤄진 모방 작품pastiche이라고 할 수 있으며, 구약성서를 떠올리게 하는 문체로 쓰였습니다. 루가는 이 글을 사람들이 다음과 같이 생각하도록 의도하며 글을 썼는지도 모릅니다. '아니, 이건 우리가 그토록 자주 들었던 이야기, 하느님께서 당신의 백성을 구원하시는 이야기의 다음 이야기잖아! 그 구원 이야기의 다음 장, 결정적인 이야기가 여기 있었군.' 루가가 이 도입부를 쓰며 여기에 이어 전하려는 앞으로의 이야기에 눈을 두고 있다면, 다른 한편으로는 과거에 하느님이 당신의 백성을 어떻게 구원하셨는지를 다룬 이야기에도 눈을 두고 있었던 것이 확실합니다.

여기에 루가는 또 하나의 방법으로 과거에 하느님께서 하신 일, 그분이 예수 안에서 그를 통해 하시는 일, 그리고 그분이 예수의 제자들 안에서 그들을 통해 하시는 일을 연결 짓기도 합니다. 처음 두 장 내내 루가는 계속해서 하느님의 거룩한 영, 성령을 언급합니다. 이는 이야기 속에서 일어나고 있는 일의 의미를 드러내는 중대한 실마리입니다. 여기서 활동하시는 하느님은 구약성서 속 중대한 사건들에서 활동하시던 바로 그 하느님이십니다. 하느님의 '영'에 대해 말하는 것은 세상에서 역동적이고 적극적으로 활동하시는 하느님을 가리키는 또 다른 방식입니다. 당신의 백성을 구원하시고 예언자들에게 영감을 주신 하느님의 영과 동일한 그 영이 이제 즈가리야와 엘리사벳, 마리아와 요한, 그리고 누구보다도 예수 안에서 활동하고 있습니다. 루가에 대한 흥미로운 사실 중 하나는 복음서에 성령을 자주 언급하는 1~4장 이후부터 사도행전에서 다시 이를 언급할 때까지 성령에 대한 말을 매우 아낀다는 점입니다. 마르코와 마태오가 그렇듯 그는 예수 이야기를 전하면서 우리 스스로 결론을 끌어내도록 내버려 둡니다. 그의 설명은 매우 단순합니다. 아마도 루가가 예수의 말과 행적을 기록하며 사용한 전승에는 성령이 많이 언급되어 있지 않았을 것입니다. 복음서 저자들이 자신이 가진 패를 보여주고 이야기의 의미를 풀어낼 열쇠를 주는 곳은 바로 그들의 도입부입니다. 우리는 이를 통해 알게 된 것들에 비추어 나머지 이야기를 듣는 자리에 초대된 것입니다. 그러나 루가는 여기서 그치지 않고 속편을 통해 교회의 삶에서 일어나는 일들 또한 성령의 활동임을 계속해서 알려줍니다.

성령이라는 주제는 3장과 4장에도 이어집니다. 앞서도 언급했듯 루가 복음서에는 서문이 여러 개이며, 또 하나의 서문이 3장 1절에서 시작됩니다. 많은 학자는 이곳이 루가 복음서의 진정한 시작점이며 1장과 2장은 후대에 덧붙인 것이라고 주장하기도 했습니다. 저는 이쯤 왔으면 여러분이 저 주장이 틀렸음을 아시리라고 생각합니다. 지금까지 제시한 두 장은 신학적으로 중대한 의미를 담고 있는 도입부입니다. 3장 1절은 마르코 복음서가 시작하는 지점에서 이야기를 이

어받아 사건들에 역사적 맥락을 부여한다는 점에서 새로운 시작입니다.

> 로마 황제 티베리오가 다스린 지 십오 년째 되던 해에 본티오 빌라도가 유다 총독으로 있었다. 그리고 갈릴래아 지방의 영주는 헤로데였고 이두래아와 트라코니티스 지방의 영주는 헤로데의 동생 필립보였으며 아빌레네 지방의 영주는 리사니아였다. 그리고 당시의 대사제는 안나스와 가야파였다. 바로 그 무렵에 즈가리야의 아들 요한은 광야에서 하느님의 말씀을 들었다. (루가 3:1~2)

루가는 이 세 번째 서문을 통해 무엇을 전달하려는 것일까요? 이 부분은 마르코가 자신의 이야기를 시작한 지점이지만 루가는 마르코가 자신의 도입부에서 우리에게 보여준 정보 중 많은 부분을 이미 준 상태입니다. 우리는 이미 세례자 요한이 예수의 선구자이며, 하늘에서 들리는 음성이 우리가 들었던 내용을 확증한다는 것을 알고 있습니다. 당연하게도 이 부분의 내용은 마르코 복음서와 비교했을 때 우리에게 훨씬 더 적은 영향만을 끼칩니다. 루가는 이 부분에 관한 이야기를 마르코보다 더 상세하게 전했습니다. 그는 상당한 분량의 이사야서 구절을 인용하지만 (마르코 복음서에서는 포함되어 있던 출애굽기와 말라기의 구절은 누락되었습니다), 이야기의 초점은 뒤이어 등장할 인물보다는 요한에게 맞춰져 있습니다. 우리는 세례자 요한의 가르침에 관해, 그가 청중에게 했던 요구들에 관해 더 자세히 듣습니다. 요한은 이제 단순히 뒤이어 등장할 사람을 가리키는 이정표와 같은 인물이 아닙니다.

예수의 세례 이야기는 거의 부록처럼 보이며 하늘에서 들리는 음성은 우리가 이미 아는 내용, 곧 예수가 하느님의 아들이라는 사실을 확인시켜 줍니다. 그리고 나서 요셉에서 다윗, 아브라함을 거쳐 '하느님의 아들'인 아담까지 이어지며 예수의 법적 혈통을 추적하는 (마태오 복음서와는 다른) 족보가 등장합니다. 4장에서는 예수가 받았던 유혹이 상세히 언급됩니다. 마태오 복음서로 돌아가 본다면 이러한 이야기들이 매우 유사한 내용임을 발견할 것입니다. 마태오 역시 요한의 가르침을 세세하게 전하고 있고 유혹의 내용도 풍성하게 드러냅니다. 마태오와 루가는 이미 그들만의 고유한 도입부를 제공한 바 있습니다. 그들은 세례자 요한의 활동과 예수의 유혹 이야기가 전승의 매우 중요한 부분이라고 믿었기에 이를 자신들의 복음서에 수록했지만, 그럼에도 전체 서사 중 이 부분이 반드시 복음서의 중요한 주제를 제시해야 한다고 여기지는 않았습니다. 루가의 세 번째 서문은 전체 서사의 일부로 단순하게 편입되었습니다. 그렇지만 루가는 아직 서문을 끝내지 않았습니다. 좀 더 정확히 말하자면 앞으로 일어날 일의 싹을 품고 있는 이야기들을 끝내지 않은 것이지요. 4장 14절은 예수의 활동이 시작되었음을 보여줍니다.

예수께서는 성령의 능력을 가득히 받고 갈릴래아로 돌아가셨다. ⋯ 예수께서는 자기가 자라난 나자렛에 가서서 안식일이 되자 늘 하시던 대로 회당에 들어가셨다. 그리고 성서를 읽으시려고 일어서서 이사야 예언서의 두루마리를 받아 들고 이러한 말씀이 적혀 있는 대목을 펴서 읽으셨다. "주님의 성령이 나에게 내리셨다. 주께서 나에게 기름을 부으시어 가난한 이들에게 복음을 전하게 하셨다. 주께서 나를 보내시어 묶인 사람들에게는 해방을 알려주고 눈먼 사람들은 보게 하고, 억눌린 사람들에게는 자유를 주며 주님의 은총의 해를 선포하게 하셨다." 예수께서 두루마리를 말아서 시중들던 사람에게 되돌려주고 자리에 앉으시자 회당에 모였던 사람들의 눈이 모두 예수에게 쏠렸다. 예수께서는 "이 성서의 말씀이 오늘 너희가 들은 이 자리에서 이루어졌다" 하고 말씀하셨다. (루가 4:14~21)

제자들을 부르기도 전에 예수가 처음으로 벌인 일은 구약성서를 읽는 것, 그리고 이를 읽음으로, 그리고 그 말씀을 자신에게 적용함으로, 그것이 이루어졌음을 선포하는 것이었습니다. 그는 하느님의 영이 깃든 사람이었으며 하느님의 일을 수행하도록 기름 부음 받은 인물이었습니다. 결국 그가 읽은 이사야서 61장 본문은 예수 자신의 공약 선언manifesto, 곧 그가 떠맡게 된 일들의 행동 강령이 되었습니다. 이를 듣고 있던 청중은 처음에는 놀랐다가 나중에는 분통을 터뜨렸습니다. 예수는 예언자가 자기 고향에서는 환영받지 못한다고 말하는데, 우리는 그 순간 그가 나자렛에서 받아들여지지 않으리라는 것을 깨닫습니다. 계속해서 예수는 하느님의 보내심에 따라 이스라엘의 수많은 과부 중 하나가 아니라 시돈 지방에 살던 이방인 과부의 집에 들어가 살았던 예언자 엘리야를 언급하고, 이스라엘의 수많은 나병 환자가 아니라 시리아 사람 나아만의 나병을 낮게 한 예언자 엘리사를 언급합니다. 이 말에 숨은 뜻은 너무도 분명합니다. 자신의 이야기에 응답할 이들은 유대인이 아니라 이방인이라는 것입니다. 청중은 머리 끝까지 분노해 그를 산 벼랑까지 끌고 가서 밀어 떨어뜨리려 하지만 예수는 그곳을 벗어납니다.

우리는 다시 한번 이 복음서의 이어지는 이야기에서 중요해지는 생각의 씨앗을 봅니다. 예수의 고향 사람들은 예수를 받아들이지 못할 것입니다. 좀 더 나아가 그와 같은 조국을 가진 사람들도 그를 거부할 것입니다. 복음에 응답할 사람들은 유대인이 아니라 이방인이며, 언젠가는 유대인들이 그의 죽음을 획책하게 될 것입니다. 그러나, 그렇다 하더라도 예수는 자신의 길을 갈 것입니다.

그렇다면 예수의 선언은 무엇을 뜻하는 것일까요? 예수는 주님의 영이 자신에게 내렸다고 주장했습니다. 나자렛 회당에 있던 사람들은 몰랐겠지만 우리는 이미 그 선언이 진실임을 알고 있습니다. 그는 가난한 이들에게 기쁜 소식을 전하기 위해 성령을 받았다고 주장합니다. 그는 나자렛을 떠나자마자 갈릴래아로 가서 기쁜 소식을 전했고 그 소식에 응답한 것은 가난한 이들, 보잘것없는 이들, 버려진 이들과 이방인들입니다. 그는 자신이 묶인 사람들에게 해방을 알려주고 억눌린 사람들에게는 자유를 주기 위해 보냄을 받았다고 주장하며, 이어지는 이야기에서는 사람들을 치유하고 악한 영을 내쫓습니다. 이들이 바로 묶인 사람들, 억눌린 사람들입니다. 이후에도 이 복음서는 허리가 굽은 여인을 병마에 사로잡혀 그리되었다고 말하고[19], 말을 하지 못했던 사람 또한 악령에게 사로잡힌 이라고 설명합니다.[20]

이후 서너 장을 읽으며 우리는 예수가 이 본문에서 언급된 다양한 활동을 펼쳤음을 발견합니다. 그는 자신의 선언대로 살아냈습니다. 그 후에 7장에서 감옥에 갇힌 요한은 자신의 제자들을 예수에게 보내어 묻습니다.

> 오시기로 되어 있는 분이 바로 선생님이십니까? 그렇지 않
> 으면 우리가 또 다른 분을 기다려야 하겠습니까? (루가 7:20)

요한은 자기 뒤에 오실 이를 선포했지만 우리는 이미 이야기의 시작부터 알고 있는 사실, 다가오실 그분이 바로 예수라는 사실을 아직 알지 못합니다. 저 물음에 예수는 어떻게 했을까요? "내가 바로 그다!"하고 대답했을까요? 아닙니다. 루가에 따르면 그가 한 첫 번째 행동은 고통과 질병, 악령에 시달리는 사람들을 치유하는 것이었습니다. 또한 앞 못 보는 이들의 눈을 열어주기도 했지요. 앞 못 보는 이들이 언급되었다는 점은 매우 흥미롭습니다. 선언에 담긴 공약 중 아직

---

19   루가 13:10~17

20   루가 11:14~23

유일하게 이행하지 않은 것이 눈먼 사람들을 보게 한다는 것이기 때문입니다. 이 이야기를 전하면서 루가는 예수가 선언한 행동 강령이 모두 실제로 일어났음을 분명히 해두어야겠다고 작정한 듯 보입니다. 그 후 예수는 요한이 보낸 제자들에게 말을 전하도록 합니다.

> 너희가 보고 들은 대로 요한에게 가서 알려라. 소경이 보게
> 되고 절름발이가 제대로 걸으며 나병 환자가 깨끗해지고 귀
> 머거리가 들으며 죽은 사람이 살아나고 가난한 사람이 복음
> 을 듣는다. (루가 7:22)

그리고 루가는 요한 역시 스스로 결론을 끌어내도록 남겨둡니다.

이렇듯 우리는 나자렛에서 있었던 예수의 일화를 통해 또다른 서문을 만나게 됩니다. 이번에 만나는 예수의 활동에 대한 서문은 이어질 이야기들의 의미를 보여주는, 예수 활동의 의미를 풀어내는 열쇠입니다. 요한의 제자들이 다시 요한에게로 돌아갈 때쯤이면 우리는 예수가 이사야서 61장이 말한 기름 부음 받은 이라는 사실을 분명히 압니다. 그리고 요한은 예수가 그가 오시리라고 선포했던 그분이라는 사실을

확실히 알게 되겠지요.

4장 14~30절은 루가의 마지막 서문입니다. 속편이 시작되기 전까지 말입니다.

예수께서 성령의 능력을 입고 갈릴리로 돌아오셨다. 예수의 소문이 사방의 온 지역에 두루 퍼졌다. 그는 유대 사람의 여러 회당에서 가르치셨으며, 모든 사람에게서 영광을 받으셨다. 예수께서는, 자기가 자라나신 나사렛에 오셔서, 늘 하시던 대로 안식일에 회당에 들어가셨다. 그는 성경을 읽으려고 일어서서 예언자 이사야의 두루마리를 건네 받아서, 그것을 펴시어, 이런 말씀이 있는 데를 찾으셨다. '주님의 영이 내게 내리셨다. 주님께서 내게 기름을 부으셔서, 가난한 사람에게 기쁜 소식을 전하게 하셨다. 주님께서 나를 보내셔서, 포로 된 사람들에게 해방을 선포하고, 눈먼 사람들에게 눈 뜸을 선포하고, 억눌린 사람들을 풀어 주고, 주님의 은혜의 해를 선포하게 하셨다.' 예수께서 두루마리를 말아서, 시중드는 사람에게 되돌려주시고, 앉으셨다. 회당에 있는 모든 사람의 눈은 예수께로 쏠렸다. 예수께서 그들에게 말씀하셨다. "이 성경 말씀이 너희가 듣는 가운데서 오늘 이루어졌다." 사람들은 모두 감탄하고, 그의 입에서 나오는 그 은혜로운 말씀에 놀라서 "이 사람은 요셉의 아들이 아닌가?" 하고 말하였다. 그래서 예수께서 그들에게 말씀하셨다. "너희는 틀림없이 '의사야, 네 병이나 고쳐라' 하는 속담을 내게다 끌어대면서, '우리가 들은 대로 당신이 가버나움에서 했다는 모든 일을, 여기 당신의 고향에서도 해보시오' 하고 말하려고 한다."

예수께서 또 말씀하셨다. "내가 진정으로 너희에게 말한다. 아무 예언자도 자기 고향에서는 환영을 받지 못한다. 내가 진정으로 너희에게 말한다. 엘리야 시대에 삼 년 육 개월 동안 하늘이 닫혀서 온 땅에 기근이 심했을 때에, 이스라엘에 과부들이 많이 있었지만, 하느님이 엘리야를 그 많은 과부 가운데서 다른 아무에게도 보내지 않으시고, 오직 시돈에 있는 사렙다 마을의 한 과부에게만 보내셨다. 또 예언자 엘리사 시대에 이스라엘에 나병환자가 많이 있었지만, 그들 가운데서 아무도 고침을 받지 못하고, 오직 시리아 사람 나아만만이 고침을 받았다."

회당에 모인 사람들은 이 말씀을 듣고서, 모두 화가 잔뜩 났다. 그래서 그들은 들고일어나 예수를 동네 밖으로 내쫓았다. 그들의 동네가 산 위에 있으므로, 그들은 예수를 산 벼랑까지 끌고 가서, 거기에서 밀쳐 떨어뜨리려고 하였다. 그

러나 예수께서는 그들의 한가운데를 지나서 떠나가셨

다. (루가 4:14~30)

속편인 사도행전에서 그는 이야기를 본격적으로 시작하
기에 앞서 겨우 다섯 절로 이루어진 매우 간략한 이야기
만을 전합니다. 속편에는 더는 서문이 필요 없기 때문입
니다. 루가 복음서 전체가 사도행전에서 일어날 일들을
알려줄 서문으로 충분하니 말이지요. 작가로서 루가는
시작의 중요성을 너무도 잘 알고 있었고 그래서 이를 최
대한 활용했습니다.

태초에 '말씀'이 계셨다. 그 '말씀'은 하느님과 함께 계셨다. 그 '말씀'은 하느님이셨다. 그는 태초에 하느님과 함께 계셨다. 모든 것이 그로 말미암아 창조되었으니, 그가 없이 창조된 것은 하나도 없다. 창조된 것은 그에게서 생명을 얻었으니, 그 생명은 사람의 빛이었다. 그 빛이 어둠 속에서 비치니, 어둠이 그 빛을 이기지 못하였다. 하느님께서 보내신 사람이 있었다. 그 이름은 요한이었다. 그 사람은 그 빛을 증언하러 왔으니, 자기를 통하여 모든 사람을 믿게 하려는 것이었다. 그 사람은 빛이 아니었다. 그는 그 빛을 증언하러 왔을 따름이다. 참 빛이 있었다. 그 빛이 세상에 와서 모든 사람을 비추고 있다. 그는 세상에 계셨다. 세상이 그로 말미암아 생겨났는데도, 세상은 그를 알아보지 못하였다. 그가 자기 땅에 오셨으나, 그의 백성은 그를 맞아들이지 않았다. 그러나 그를 맞아들인 사람들, 곧 그 이름을 믿는 사람들에게는, 하느님의 자녀가 되는 특권을 주셨다. 이들은 혈통에서나, 육정에서나, 사람의 뜻에서 나지 아니하고, 하느님에게서 났다. 그 말씀은 육신이 되어 우리 가운데 사셨다. 우리는 그의 영광을 보았다. 그것은 아버지께서 주신, 외아들의 영광이었다. 그는 은혜와 진리가 충만하였다. (요한은 그에 대하여 증언하여 외쳤다. "이분이 내가 말씀드린 바로 그분입니다. 내 뒤에 오시는 분이 나보다 앞서신 분이라고 말씀드린 것은, 이분을 두고 말한 것입니다. 그분은 사실 나보다 먼저 계신 분이기 때문입니다.") 우리는 모두 그의 충만함에서 선물을 받되, 은혜에 은혜를 더하여 받았다. 율법은 모세를 통하여 받았고, 은혜와 진리는 예수 그리스도로 말미암아 생겨났다. 일찍이, 하느님을 본 사람은 아무도 없다. 아버지의 품속에 계신 외아들이신 하느님께서 하느님을 알려주셨다. (요한 1:1~18)

04

영광의 열쇠

요한 복음서 1:1~18

내 시작에 내 끝이[1]

"태초에 말씀이 있었다." 네 번째 복음서를 여는 이 유명한 문장은 오랜 시간 특별한 도입부로 여겨져 왔습니다. 요한 복음서의 처음 열여덟 절은 '프롤로그'라고 불리며, 어떤 면에서는 이 복음서의 나머지 부분과 동떨어져 보이기도 합니다. 이 도입부 역시 복음서를 여는 열쇠일 수 있을까요? 다른 복음서 도입부와 마찬가지로 이 복음서의 나머지 부분을

---

1   T.S. Eliot, *Four Quartets*, East coker 1.

이해하는 데 필요한 핵심 정보를 독자들에게 전달하고 있을까요?

요한 복음서의 도입부는 문체 면에서 다른 복음서들과 상이합니다. 마르코가 간결하고 극적인 장면들을 보여주었다면, 마태오와 루가는 이를 좀 더 확장해 이야기 형식으로 서문을 썼습니다. 반면 요한은 우리에게 단단한 신학을 선사합니다. 첫 열여덟 절이 처음부터 이 복음서에 속해 있었는지에 대한 논란이 있기도 합니다. 몇몇 학자는 이 구절이 구조적인 면에서 '시'의 형태를 띠고 있다고 보았고 이것이 본문과는 별개의 '찬가', 혹은 '시'라고 주장했습니다. 그들은 이 복음서가 본래는 예수에 대한 세례자 요한의 증언으로 시작되었으며, 독자들이 이 이야기를 1장 19절부터 읽어도 된다고 말합니다. 물론 그럴 수 있습니다. 마르코 복음서를 1장 14절부터 읽을 수도 있는 것처럼 말이지요. 하지만 이는 어리석은 일입니다. 이후에 이어지는 내용을 이해할 열쇠를 던져 버리는 일이나 마찬가지니 말이지요. 요한 복음서를 이해하려면 시작은 이 열여덟 절이어야 합니다. 학자들은 이 프롤로그와 이어지는 내용 사이에 '괴리'가 존재한다고 지적합니다. 제가 보기에 이러한 괴리는 편집의 산물이 아니라 프롤로그의 목적을 이루기 위한 불가피한 선택입니다. 이러한 현상은 다른 복음서(특히 루가 복음서 2장), 혹은 다른 이야기들에도 등장합니다. 요한이 이처럼 신학적인 서문으로 이야기를 시작한다고 해서 당황해야 할까요? 마르코 복음서는 짧고 투박한 이야기들로 이루어져 있으며 이는 서문도 마찬가지입니다. 그 이야기가 어떤 면에서는 평범하지 않지만 말이지요. 마태오와 루가는 그들의 복음서 전체를 좀 더 정돈된 서사들로 채우고 있으며 서문에서도 같은 기조를 유지합니다. 여기서도 이야기들은 결코 평범하지 않습니다. 그런가 하면 요한 복음서는 전체적인 서사의 틀을 가지고 있기는 하지만 많은 곳에서 우리가 '담화'discourse라 부르는 길고 상세한 신학적 진술을 통해 예수와 하느님, 그리고 세상과의 관계를 설명합니다. 그런데 그의 서문에서 신학적 진술을 '제외하면' 무엇을 발견할 수 있을까요?

요한의 프롤로그를 뜯어 본다면, 다른 복음서들과 어휘와 문체가 매우 다르기는 하지만 그가 전하는 정보가 마르코, 마태오, 루가 복음서에서 우리가 얻는 것과 매우 유사하다는 사실을 깨닫게 될 것입니다. 흥미로운 연결고리 중 하나는 시작하는 말에 담긴 "태초에"In the beginning라는 표현입니다. 기억하시겠지만 마르코는 "시작"The beginning이라는 말로 자신의 복음서를 시작하고, 마태오도 '기원'이라는 뜻의 그리스어 "족보"γένεσις로 이야기를 엽니다. 문학적인 면모가 돋보이는 루가 복음서는 예외인 것처럼 느껴지지만 실은 그 역시 자신의 글이 "처음부터 직접 눈으로 보고 말씀을 전파한 사람들"이 전해준 내용에서 비롯했음을 밝히고 있습니다. 방식은 다르지만 모든 복음서 저자는 "처음"을 중요하게 생각합니다. 이러한 면에서 요한은 전혀 특별하지 않습니다.

"태초에". 이 말은 그리스어로는 두 단어, 히브리어로는 한 단어로 이루어진 것으로, 창세기를 시작하는 말이기도 합니다. 창세기 1장은 태초에 어떤 일이 있었는지 우리에게 말해줍니다. 하느님이 "빛이 생겨라" 하시니 빛이 나타났고, 그분은 빛과 어둠을 나누셨습니다. 계속해서 하느님은 하늘과 땅을 창조하시고 땅에 생명이 돋아나게 하셨습니다. 요한 복음서 1장은 이 창세기 이야기를 반영하고 있습니다("하느님이 빛이 생겨라 하시니 빛이 나타났습니다"). 그래서 이 부분은 창세기 도입부에 대한 유대교적 해석(미드라쉬midrash)으로 보이기도 합니다. 본문에 대한 비슷한 설명이 당시 유대교 문헌들에 적혀 있기도 했으니 말이지요.[2]

그러므로 네 편의 복음서 도입부에는 모두 연결고리가 있

---

2 P. Borgen, 'Observations on the Targumic Character of the Prologue of John', *Bread From Heaven* (Brill, 1965)

습니다. 이 책들은 모두 구약성서에 나타난 이야기로 시작합니다. 마르코는 구약성서에 기록된 하느님의 약속에서 예수에 관한 복음의 시작을 찾아냈고, 마태오는 아브라함에게까지 이르는 예수의 족보를 추적하며 이야기를 시작하고 있습니다. 당신의 백성을 향한 하느님의 목적이 그 민족의 시조에게까지 거슬러 올라간다는 것이지요. 구약성서에서 인용한 구절들은 지금 벌어지고 있는 일이 하느님의 뜻에 의한 것이라는 사실을 주지시킵니다. 세련되게 글을 가다듬을 줄 알았던 문학가 루가는 구약성서의 문체로 서문을 기술하고자 했습니다. 그는 예수의 혈통을 추적해 아담까지 거슬러 올라가는 이야기를 통해 자신의 이야기가 구약성서와 연결되어 있음을 드러냅니다. 요한은 창세기 1장 1절에 나오는 말로 시작함으로써 세상이 창조되기 전인 "태초"로 우리를 인도합니다. 복음서 저자들은 구약성서를 가리킴으로써 우리에게 창조 안에서 일하시고 역사 안에서 활동하시며 성서 속에서 드러나신 하느님의 목적을 가리키고 있는 것입니다.

하느님은 창조를 통해 일하고 계십니다. 다른 복음서 저자들은 하느님의 영을 언급함으로써 이를 강조합니다. 기억하시겠지만 마르코 복음서 첫 열세 절에서 성령은 세 번이나 언급되었습니다. 그리고 이후 이야기에서 예수는 성령으로 악의 세력을 무찌르고 새로운 생명을 창조합니다. 마태오와 루가 복음서에서 예수는 성령으로 잉태됩니다. 루가의 이야기는 성령에 대한 언급으로 가득 차 있는데, 이는 예수의 탄생 과정에서 일어난 일들이 창조의 영인 하느님의 영에 의한 것임을 분명히 합니다. 나자렛에서 한 첫 설교에서도 예수는 성령이 자신 안에서 일하고 계신다고 주장합니다. 요한은 '성령'이라는 단어를 언급하지 않는 유일한 복음서 저자입니다. 물론 우리는 이야기가 시작되자마자 매우 중요한 한 단어를 발견하게 됩니다. 그는 다른 복음서 저자들처럼 '성령'을 말하는 것이 세상 속에서 활동하시는 하느님을 말하는 유일한 방법이 아님을 보여줍니다. 그는 직접 성령을 언급하진 않지만 "말씀"이라는 단어를 통해 모든 것을 창조하는 거룩한 영에 대해 묘사하고 있습니다. 그러므로 요한 복음서 1장의 첫 구절들을 이해하려면 이 구절들을 창세기 1장의 첫 다섯 절과 비교해 보아야만 합니다.

태초에 하느님이 천지를 창조하셨다. 땅이 혼돈하고 공허하며, 어둠이 깊음 위에 있고, 하느님의 영은 물 위에 움직이고 계셨다. 하느님이 말씀하시기를 "빛이 생겨라" 하시니, 빛이 생겼다. 그 빛이 하느님 보시기에 좋았다. 하느님이 빛과 어둠을 나누셨다. 빛을 낮이라, 어둠을 밤이라 부르셨다. 이렇게 첫날이 밤, 낮 하루가 지났다. (창세 1:1~5)

태초에 '말씀'이 계셨다. 그 '말씀'은 하느님과 함께 계셨다. 그 '말씀'은 하느님이셨다. 그는 태초에 하느님과 함께 계셨다. 모든 것이 그로 말미암아 창조되었으니, 그가 없이 창조된 것은 하나도 없다. 창조된 것은 그에게서 생명을 얻었으니, 그 생명은 사람의 빛이었다. 그 빛이 어둠 속에서 비치니, 어둠이 그 빛을 이기지 못하였다. (요한 1:1~5)

어둠 속에서 비치는 빛을 언급함으로써 요한은 창조라는 주제를 하느님께서 역사 속에서, 그리고 당신의 이름으로 선포하는 예언자들을 통해서 당신의 백성에게 끊임없이 자신을 드러내신다는 생각과 연결 짓습니다. 하느님은 빛을 비추심으로 당신을 드러내시고 사람들에게 당신의 영광을 보이십니다. 요한 복음서를 계속 읽어 나가며 우리는 예수의 죽음을 통해 이 말들이 당당히 성취되었음을 확인하게 될 것입니다. 죽음의 장면에서, 어둠 속에 빛이 비치고 어둠은 빛을 이기지 못합니다. 빛을 이기기 위한 어둠의 투쟁은 다른 복음서의 도입부에 등장했던 사건들을 다시 한번 생각하게 합니다. 마르코 복음서에서 예수는 사탄에게 유혹을 받습니다. 마태오 복음서에서 헤로데는 예수를 죽이려 했고, 루가 복음서에서 시므온은 예수의 죽음을 암시합니다.[3] 하지만 요한만은 아직 예수를 언급하지 않습니다. 그렇다면 어떻게 '말씀'을 언급하는 그의 이야기가 예수와 관련 있다는 사실을 알 수 있을까요? 여기서 친숙한 인물 세례자 요한이 등장합니다. 마르코와 루가 복음서에서도 첫 번째로 등장하는 중요 인물인 요한에 관한 매우 익숙한 이야기가 나옵니다.

> 하느님께서 보내신 사람이 있었다. 그 이름은 요한이었다.
> 그 사람은 그 빛을 증언하러 왔으니, 자기를 통하여 모든 사
> 람을 믿게 하려는 것이었다. 그 사람은 빛이 아니었다. 그는
> 그 빛을 증언하러 왔을 따름이다. (요한 1:6~8)

다시 한번 다른 복음서에서 그랬듯 세례자 요한의 역할은 다른 사람, 곧 지금까지는 우리가 말씀이라고만 알고 있는 생명이자 빛인 인물을 가리키는 것입니다.

느닷없이 등장했던 요한은 금세 이야기에서 퇴장합니다.

---

3 마르 1:12, 마태 2:13~18, 루가 2:35

복음서 저자는 다시 돌아와 이 세상에 들어왔지만 세상이 알아보지 못한 참 빛에 관해 이야기합니다. 그는 자기 백성에게 왔지만 백성은 그를 맞아들이지 않았습니다. 우리가 다른 복음서, 특히 도입부를 읽었다면 예수가 자신의 백성에게 받아들여지지 않았고 그들이 예수를 알아보지 못했음을 알게 됐을 것입니다. 그 이야기들을 알고 있기에 우리는 '그가 예수를 말하고 있구나' 하고 생각합니다. 그러나 네 번째 복음서 저자는 여전히 예수라는 이름을 언급하지 않습니다. 사람들이 빛을 알아보지 못하고 받아들이지 못했다는 말은 사실 과거에 하느님께서 자신의 백성에게 자신을 드러내셨던 일과도 일맥상통합니다. "말씀"에 관한 이야기는 태초에도, 율법과 예언자를 통해 하느님께서 당신을 드러내신 일에도, 복음서 저자들이 우리에게 전하려는 예수 이야기에도 적용됩니다. 예수 이야기는 태초부터 시작되어 지금까지 끊임없이 이어진 이야기입니다. 태초부터 빛은 어둠 속에서 빛나고 있었고, 어둠은 이 빛을 몰아내려 했습니다. 참된 빛이 세상에 들어왔을 때조차 그의 백성은 예수를 받아들이지 않았습니다. 그럼에도 불구하고 그를 받아들이는 이들이 있었고, 이들은 그의 이름을 믿음으로 하느님의 자녀가 되었습니다. 빛은 어둠 속에 비치고 있고, 어둠은 빛을 이길 수 없습니다.

그 말씀은 육신이 되어 우리 가운데 사셨다. 우리는 그의 영광을 보았다. 그것은 아버지께서 주신, 외아들의 영광이었다. 그는 은총과 진리가 충만하였다. (요한 1:14)

여전히 예수라는 이름은 언급되지 않았지만, 이제 우리는 예수에 대해, 오직 예수에 대해서만 이야기해야 합니다. 이를 확인이라도 하듯 세례자 요한이 다시 한번 등장합니다.

요한은 그에 대하여 증언하여 외쳤다. "이분이 내가 말씀드린 바로 그분입니다. 내 뒤에 오시는 분이 나보다 앞서신 분이라고 말씀드린 것은, 이분을 두고 말한 것입니다. 그분은 사실 나보다 먼저 계신 분이기 때문입니다." (요한 1:15)

여기까지 두 번 등장하는 세례자 요한에 관한 구절들은 분명 뜬금없습니다. 심오한 신학적 진술의 한복판에서 이 구절들은 우리를 현실로 덜컥 끌어내립니다. 요한이 등장하는 두 장면의 문체는 도입부의 나머지 부분과 사뭇 다릅니다. 이 프롤로그 전체는 흔히 시라고 묘사되며, 무엇이 시이고 무엇이 시가 아닌지 말하기란 쉽지 않지만 매우 고양된 문체로 기록되었다는 것만은 확실합니다. 그런데 세례자 요한에 관한 구절들만 평범한 산문투입니다. 이 구절들의 역할은 무엇일까요? 어떤 학자는 이 구절들이 "무례하게 끼어들었다"고 언급하며 이 복음서에 프롤로그를 덧붙일 때 함께 삽입된 것으로 생각했습니다.[4] 그러나 이 프롤로그가 복음서와 함께 기록된 것이라면 이 설명은 적절치 않습니다. 왜 저자는 그의 신학적인 서문의 흐름을 깨면서까지 요한이 등장하는 현실적인 구절을 집어넣었을까요? 제가 보기에 이 구절들은 복음서 저자가 말하려는 인물이 누구인지 설명하는 역할을 맡고 있습니다. 그는 지금껏 말씀에 대해 말하고 있었으며, 이제 그 말씀이 육신이 되었다고 이야기하면서도 여전히 예수라는 이름은 언급하지 않습니다. 하지만 우리는 이미 세례자 요한이 누구에 대해 증언했는지를, 자기 뒤에 올 이가 그보다 더 위대한 이라고 선언했음을 알고 있습니다. 이야기에서 요한이 이러한 말들을 하는 것을 보며, 프롤로그를 읽은 우리는 요한이 지목하는 그 인물이 다름 아닌 말씀이 육신이 되어 나타난 사람임을 알게 될 것입니다. 일어난 모든 일을 간명하게 요약하고 있는 셈이지요. 1장 19~28절에서 자신이 누구냐는 질문을 받은 요한은 자신은 '주님의 길을 곧게 하

---

4 J. A. T. Robinson, 'The Relation of the Prologue to the Gospel of St John'.

라'고 광야에서 외치는 이의 소리일 뿐이며, 뒤에 나타날 인물이 본인보다 위대하다고 대답합니다. 그리고 다음 절에 드디어 예수가 등장합니다. 세례자 요한은 선언합니다.

> 보시오, 세상 죄를 지고 가는 하느님의 어린 양입니다. … 나는 성령이 비둘기같이 하늘에서 내려와서 이분 위에 머무는 것을 보았습니다. … 나를 보내…신 분이 나에게 말씀하시기를, '… 그가 바로 성령으로 세례를 주시는 분임을 알아라' 하셨습니다. (요한 1:29,32,33)[5]

세례자 요한은 마르코와 루가 복음서의 도입부에서 자신이 맡았던 역할을 네 번째 복음서에서도 떠맡습니다. 그는 예수를 가리키는 살아있는 이정표이며, 지금까지 우리가 들은 위대한 신학적 진실이 말하는 인물이 예수임을 우리에게 확신시키는 사람입니다.

저는 요한 복음서의 도입부가 창세기 1장 1~5절에 대한 설명으로 시작되고 출애굽기 33장에 대한 설명으로 끝맺는다고 생각합니다.[6] 출애굽기 33장에서 시나이 산에 오른 모

---

5 Morna D. Hooker, 'John the Baptist and the Johannine Prologue'를 보라.

6 Morna D. Hooker, 'The Johannine Prologue and the Messianic Secret',

세는 하느님께서 은총을 베푸시고 하느님의 영광을 보여달라고 청합니다. 여기서 우리가 짚고 넘어가야 할 것은 '은총'에 해당하는 히브리어가 그리스어 '카리스'χάρις로 번역될 때가 많다는 점, 그리고 '영광'이라는 단어가 누군가의 본질을 언급하는, 곧 얼굴에 드러나는 그의 특성을 언급하는 표현 중 하나라는 점입니다. 모세가 요구한 은총이란 곧 주님이 어떤 분이신지를 아는 것입니다. 하느님께서는 당신의 얼굴을 마주하면 아무도 살 수 없다고, 하지만 하느님께서 바위를 지나가실 때 모세를 바위틈에 그를 숨기시고 당신의 "등"을 볼 수 있게 해주시겠다고 말씀하십니다.[7] 말하자면 하느님 영광의 잔영을 어렴풋이 보게 되리라는 것이지요. 하느님은 자신의 말씀대로 이 일을 행하셨고 주님께서 그의 앞을 지나가실 때 모세는 하느님이 어떤 분이신지를 알게 됩니다.

주, 나 주는 자비롭고 은혜로우며, 노하기를 더디 하고, 한

52~58을 보라.

7 "주님께서 말씀을 계속하셨다. "너는 나의 옆에 있는 한 곳, 그 바위 위에 서 있어라. 나의 영광이 지나갈 때에, 내가 너를 바위틈에 집어넣고, 내가 다 지나갈 때까지 너를 나의 손바닥으로 가리워 주겠다. 그 뒤에 내가 나의 손바닥을 거두리니, 네가 나의 등을 보게 될 것이다. 그러나 나의 얼굴은 볼 수 없을 것이다."" (출애 33:21~23)

결같은 사랑과 진실이 풍성한 하느님이다. (출애 34:6)

그리고 하느님은 모세에게 십계명이 새겨진 두 개의 돌판을 주십니다. 모세는 이를 통해 하느님이 어떤 분이신지에 대한 통찰을 얻습니다. 그러고 나서 모세는 돌판에 적힌 법을 들고 산에서 내려왔는데 그의 얼굴은 밝게 빛나고 있었습니다. 그가 하느님의 현존을 마주했기 때문입니다.

이스라엘 백성은 모세의 얼굴을 통해 영광 어린 하느님의 잔영을 보았습니다. 그리고 모세를 통해 하느님의 계명을 들었습니다. 이제 요한 복음서 1장으로 돌아와 선조 때의 사건보다 더 위대한 일이 일어났음을 확인해 봅시다.

그 말씀은 육신이 되어 우리 가운데 사셨다. 우리는 그의 영광을 보았다. 그것은 아버지께서 주신, 외아들의 영광이었다. 그는 은총과 진리가 충만하였다. (요한 1:14)

1절에서 요한은 말씀이 곧 하느님이라고 말했습니다. 이제 우리는 이 말씀이 육신이 되어 우리 가운데 사셨음을 듣습니다. 이 구절에 사용된 그리스어 동사 '스케노우'σκηνόω는 하느님의 현존을 뜻하는 히브리어 단어 '셰키나'שְׁכִינָה를 떠올리게 합니다. 우리는 은총과 진리로 충만한 그의 영광을 보았습니다(이것은 하느님의 본질을 드러내는 특성입니다). 육신이 된 말씀의 영광을 보았으니, 우리는 하느님 자신의 영광을 본 것입니다. 이는 그의 아들만이 그 아버지 하느님의 본성을 나누어 갖기 때문입니다. 모세는 하느님의 얼굴을 마주하면 아무도 살 수 없다는 말씀을 들었지만, 오직 아들만이 얼굴과 얼굴을 맞대고 아버지를 보았습니다. 그렇기에 예수는 하느님의 본성을 사람들에게 드러내 보일 수 있었습니다.

> 우리는 모두 그의 충만함에서 선물을 받되, 은총에 은총을 더하여 받았다. … 일찍이, 하느님을 본 사람은 (모세를 포함해) 아무도 없다. 아버지의 품속에 계신 외아들이신 하느님께서 하느님을 알려주셨다. (요한 1:16, 18)

아들을 통해 우리에게 전해진 은총은 모세에게 보이신 하느님의 은총보다 훨씬 더 큽니다. 아들을 통해 우리가 하느님의 영광 혹은 본성을 완전히 보았기 때문입니다. 요한 복음서 저자는 혹여나 우리가 자신이 전한 이야기의 핵심을 이해하지 못할 것을 염두에 두고 17절에서 이를 다시 분명히 드러냅니다.

율법은 모세를 통하여 받았고, 은총과 진리는 예수 그리스
도로 말미암아 생겨났다. (요한 1:17)

우리가 예수를 통해 받은 것은 시나이 산에서 하느님께서 모
세에게 하신 말씀의 전언도, 하느님 영광의 잔영도 아닙니
다. 그것은 저 말씀과 영광이 체현된 것embodiment입니다. 이
제 복음서 저자가 '육신이 된 말씀'이라 말했던 분이 우리에
게 있으며, 우리 가운데 사십니다.

이제 우리는 요한의 서문 끝자락에 다다랐습니다. 지금
까지 무엇을 배웠습니까? 이제 우리는 예수라는 인물에게서
일어난 일이 "태초"에 시작된, 곧 창조 이전부터 있었던 하느
님의 거룩한 활동, 거룩한 계시가 이어진 것임을 압니다. 하
느님께서 태초에 하신 말씀, 시나이 산에서 그리고 예언자들
을 통해서 전하신 말씀과 그리고 우리 가운데 사신 그 말씀
은 동일한 말씀입니다. 우리는 예수가 다윗 혈통이라는 데
대해서는 아무것도 알지 못하지만, 그의 거룩한 기원에 대해
서는 분명히 압니다. 그리고 그가 하느님과 맺은 관계가 아
들과 아버지의 관계와 같음을 압니다. 또한 우리는 예수에게
서 나타난 계시가 모세가 받은 율법보다 더 위대하다는 사실
을 압니다. 이는 예수의 계시가 조악한 복사본이 아니라 하

느님의 영광이 직접 그리고 완전하게 드러난 것이기 때문입니다(이에 관해서는 마태오 복음서의 산상수훈을 살피며 논의한 바 있습니다). 우리는 그가 자신의 백성에게 왔지만 그가 거절당하리라는 것 또한 압니다. 그럼에도 불구하고 빛은 어둠 속에 비치고 있었고, 어둠이 빛을 이길 수 없었습니다.

이 모든 이야기는 요한 복음서의 나머지 부분을 이해하기 위한 필수 정보입니다. 요한 복음서의 첫 페이지가 없어졌다고, 그리고 예수에 대해 아는 바가 전혀 없다고 상상해보십시오. 이제 첫 열여덟 절이 빠진 요한 복음서를 처음으로 읽는다고 상상해보십시오. 그 이야기에서 무엇을 알 수 있을까요? 아마도 마르코의 이야기에서 첫 열세 절을 빼고 읽는 것만큼이나 혼란스러울 것입니다. 요한 복음서든 마르코 복음서든 이런 식으로 복음서를 만난다면 여러분은 "이 사람은 대체 누구지? 이 사람은 어떻게 자기가 한다는 일들을 다 할 수 있지? 어떻게 된 일이야?"라고 물을 것입니다. 하지만 요한 복음서 저자가 전하는 이야기와 마르코 복음서 저자가 전하는 이야기 사이엔 커다란 차이가 하나 있습니다. 마르코 복음서에서 예수는 자기 자신에 대해 아무런 주장도 하지 않습니다. 그는 자신이 누구인지 아무에게도 말하지 않으며, 자신의 진실에 대해 궁금해하기 시작한 사람들을 침묵하게 할 때가 많습니다. 하지만 네 번째 복음서에서 예수는 자신에 대해 매우 놀라운 주장을 합니다. 그는 자신이 '(하느님의) 아들'이라고 공개적으로 선언합니다. 그는 담대한 태도로 자신을 여러 가지로 지칭하는데 "나는…"으로 시작하는 문장들은 이러한 선언을 보여줍니다. 그는 자신이 "세상의 빛"[8], "부활이요 생명"[9]이라 말하고, 심지어 "아브라함 이전부터" 존재했다고 말합니다.[10] 인간적인 차원에서 이러한 말들은 전부 터무니없는 주장입니다. 여러분과 저는 복음서의 프롤로그를 읽었기에 이러한 말들에 충격을 받지 않습니다. 그러나 프롤로그를 읽어본 적 없는 이야기 속 인물들은 그의 말을 듣고 충격을 받아 묻습니다. "그는 누구인가?", "그는 자신을 누구라고 생각하는가?"

역사적인 차원에서 보면 예수의 초상이 이토록 다양하다는 사실에 누군가는 혼란을 느낄지도 모르겠습니다. 그가 자신의 정체를 밝히기를 꺼리고 심지어는 이를 숨기려고 안간힘을 쓰는 모습과 네 번째 복음서에서 자신을 두고 하는 놀라운 주장들을 조화시키기는 불가능에 가까워 보입니다. '역

---

8   요한 8:12

9   요한 11:25

10   요한 8:58

사적인' 차원에서 공관 복음의 예수는 요한이 묘사한 예수보다 더 그럴듯합니다. 하지만 이러한 판단이 요한 복음서의 예수가 진정한 예수와 거리가 멀다는 뜻은 아닙니다. 모든 복음서 저자는 우리에게 '복음', '기쁜 소식'을 전합니다. 그들은 예수의 말과 행동에 대한 그리스도교의 해석(예수 안에서 하느님께서 활동하셨다)이 분명하다고 설득하고자 합니다. 그들 모두는 우리가 이미 본 것처럼 복음 이야기 첫머리에 이야기의 열쇠가 되는 정보를 건넨 뒤 예수 이야기를 전하고 있습니다. 우리는 그 이야기들을 읽으며 이를 해석하는 다양한 방법이 있음을 깨닫게 됩니다. 우리는 복음서 저자들의 관점을 받아들일 수도 있고, 예수의 적들의 편에 서서 예수가 신성 모독을 행한 인물이며 그의 능력은 사탄에게서 왔다고 말할 수도 있습니다. 이따금 복음서 저자들은 이야기를 해석할 때 독자들이 따라가야 할 방향에 대한 단서를 주기도 합니다. 특히 네 번째 복음서에서 우리가 만나는 단서는 너무나도 분명하고 명확합니다. 다른 복음서들에서 예수는 자신의 정체에 관해 암시적인 주장만을 건넬 뿐이지만 이 복음서는 예수의 입을 빌려 노골적인 주장을 펼칩니다. 요한의 이야기에서 우리는 때로 예수의 말로 표현된 신학적 진술을 발견하게 되는데, 이는 명백히 복음서 저자 자신의 것인 진술들과 구분이 잘 되지 않습니다. 예수가 '실제로 한 말'을 찾으려 애가 타는 우리에게 이러한 복음서 저자의 서술 방식은 곤혹스럽습니다. 그러나 이러한 시도가 결코 누군가를 속이려는 의도에서 나오지는 않았음을 기억해야 합니다. 네 번째 복음서 저자는 자신이 예수의 참 의미라고 믿던 바를 명징하게 가리키려, 그리고 그 의미를 자신이 글을 쓰던 상황과 연결 지으려 했습니다. 우리는 그의 서술에서 "나는 세상의 빛이다", "나는 부활이요 생명이다"라고 담대하게 선언하는 예수를 만납니다. 그리고 그 선언이 담대하면 담대할수록 프롤로그를 읽어야 할 필요성은 더 커집니다. 도입부를 이해하지 못한다면 독자들은 이러한 선언이 과대망상에 불과하다고 생각해 버릴지도 모릅니다.

예수는 말씀이며 그 안에 생명이 있습니다. 그리고 그 생명은 모든 사람의 빛입니다. 그의 백성은 그가 왔음에도 받아들이기를 거부했지만 "빛이 어둠 속에 비치고 있고, 어둠은 빛을 이긴 적이 없습니다". 네 번째 복음서의 예수 이야기는 갈등을 배경으로 펼쳐집니다. 공관 복음에서 예수는 이따금 자신을 반대하는 율법학자들, 바리사이파 사람들을 만납니다. 그리고 예루살렘에 이르렀을 때 그는 적의 어린 대사제들을 마주합니다. 그러나 요한 복음서에서 예수는 활동하는 내내 적의를 마주합니다. 요한은 예수의 적대자들을 보통 '유대인들'이라고 부릅니다(예수와 그의 제자들이 모두 유대인이었기에 이러한 표현은 이상해 보일 수 있습니다). 요한의 이야기에는 그가 살던 시대, 주후 1세기 말에 드러났던 긴장이 반영되어 있습니다. 그는 예수를 메시아로 믿던 유대인들, 그리고 예수의 추종자들이 주장하는 바를 거부하던 유대인들이 격렬한 논쟁을 벌이던 시기에 이 복음서를 저술했습니다. 요한 복음서에 담긴 예수와 '유대인들'의 대화는 예수가 누구인지에 대한 그리스도교인들과 유대인 사이의 격렬한 논쟁을 반영합니다. 한 편에서는 예수의 추종자들이 예수의 말과 행적은 하느님의 말과 활동이라고 주장했고, 다른 한 편에서는 그들의 적대자들이 그러한 주장이 신성 모독이라며 반발했습니다. 이 복음서에서 유대인들은 시종일관 예수를 거부하고 그를 이해하지 못합니다. 그들이 예수를 이해하지 못한 이유는 우리가 도입부를 읽으며 알게 된 예수에 관한 진실을 알지 못했기 때문입니다. 예수의 거룩한 기원을 알아보지 못했던 것입니다.

우리는 그리스도교가 하나의 새롭고 분리된 종교라는 생각에 익숙하지만, 신약성서는 그리스도교인들이 여전히 자신들의 신앙을 유대교의 완성으로 여기던 시기에 기록된 문서입니다. 요한 복음서에 드러나는 일은 꼭 한 집안에서 벌어진 다툼과 같습니다. 집안싸움이 대개 그렇듯 구성원들은 상속 문제로 다툽니다. 둘 중 누가 유산을 물려받아야 할까요? 유대인들이 말합니다. "당연히 우리가 물려받아야 합니다. 우리는 아브라함의 자손입니다. 우리는 모세의 말에 귀 기울였고, 그가 전한 계명에 순종하고 있습니다." 이에 그리스도교인들이 말합니다. "허튼소리! 당신들이 아브라함의 자손이라면 아브라함이 한 대로 했어야지요!【11】 당신들이 모세를 믿는다면, 예수를 믿었어야 합니다. 모세가 바로 예수에 관해 기록하지 않았습니까?"【12】 대담하게도 그리스도교인들은 정통 유대인들이 아니라 자신들이 아브라함의 진정한 자손이라고, 모세의 글을 진정으로 이해한 것은 자신들이라고 주장했습니다. 이러한 논쟁의 근간이 된 주제들이 요한 복음서의 프롤로그에 강조되어 있습니다. 바로 빛【13】과 생명【14】, 그리고 진리【15】입니다.

네 번째 복음서 지면들 너머에서 무슨 일이 일어나고 있

---

11   요한 8:39

12   요한 5:46

13   요한 3:19~21, 9:5,39

14   요한 3:15,36, 5:4~6, 6:5

15   요한 3:33, 8:44~46, 18:37

는지를 알고자 한다면, 이를 대규모 인수전引受戰으로 생각해 보면 좋을 것입니다. 유대교는 먼저 세워졌으며 이미 자리를 잡은 회사입니다. 그런데 새로 들어온 사원들인 그리스도교인들이 유대교가 가진 모든 것에 대한 권리를 주장합니다. 이 주장의 근거는 말하자면 이렇습니다. 회사의 최초 설립자가 그들을 통해 회사의 모든 것을 인수 합병하기로 했으며, 지금까지 회사를 운영해 온 이전 팀은 후임자들이 인수받을 회사를 인수할 시기가 무르익을 때까지만 관리인으로 고용된 것에 불과합니다. 그리스도교인들은 유대교에 속한 모든 것(이는 무엇보다 토라, 모세에게 주어진 '가르침' 혹은 법을 가리킵니다)에 대한 권리를 주장합니다.

요한 복음서 첫 번째 논쟁에서 예수는 모세가 자신에 관해 기록했다고 말합니다.[16] 물론 이는 다른 복음서 저자들도 구약성서를 인용하면서 주장한 바입니다. 마태오 복음서 5장 17절에서 예수는 직접 자신이 율법과 예언을 성취하기 위해 왔다고 선언합니다. 반면 요한은 그러한 성취의 의미를 조금은 다른 방식으로 드러냅니다. 그는 특정한 구약성서 본문을 예수에게 직접 적용(이러한 방식의 사례가 마태오 복음서 1~2

---

16 "너희가 모세를 믿었더라면 나를 믿었을 것이다. 모세가 나를 두고 썼기 때문이다." (요한 5:46)

장입니다)하기보다는 율법의 온전한 목적을 예수가 성취했다고 말합니다. 유명한 "나는..." 어록에 사용된 명사들이 유대교에서 율법을 설명하기 위해 사용했던 단어들과 고스란히 겹친다는 점은 매우 흥미롭습니다. "나는 빵이요, 빛, 생명이자 길, 진리다." 이 모든 용어가 유대교 성서에도 동일하게 사용되었습니다. 이제 요한은 우리에게 예수가 그 모든 것이라고 선언합니다. 예수가 하느님이 누구신지에 대한 참된 계시라면 그는 모세에게 주어진 하느님 계시의 모사본을 뛰어넘어, 율법에 대해 요구했던 그 모든 것, 그 이상이어야 합니다. 요한은 유대인들이 자신들의 경전을 부지런히 읽기만 하면 그 경전 자체가 예수를 증거하고 있음을 발견하게 되리라고 믿었습니다.[17] 프롤로그를 읽은 우리가 예수를 빛이자 생명, 진리로 이해하는 것처럼 말이지요.

그뿐만이 아닙니다. 예수가 누구인지에 대한 이러한 주장들은 행동으로 뒷받침됩니다. "나는..." 어록은 대개 그 주장에 상응하는 기적과 함께 나타납니다. 자신이 생명의 빵이라는 예수의 주장은 수많은 군중을 먹이는 기적 다음에 나오는

---

17 "너희가 성경을 연구하는 것은, 영원한 생명이 그 안에 있다고 생각하기 때문이다. 성경은 나에 대하여 증언하고 있다." (요한 5:39)

설교에 등장합니다.[18] 자신이 세상의 빛이라는 주장[19]은 태어났을 때부터 소경이었던 이가 시력을 회복하는 기적 뒤에 나옵니다.[20] 자신이 양의 문이자 자기 양을 위해 목숨을 버리는 선한 목자라는 주장은 그의 십자가 사건을 암시합니다.[21] 자신이 부활과 생명이라는 주장은 라자로(나사로)가 죽었다가 살아나는 이야기로 이어집니다.[22] 그러나 예수의 반대자들은 과거부터 전해졌던 하느님의 말씀을 듣는 데 실패했기에 예수 안에서 드러나는 말씀을 깨닫지 못합니다. 그가 하느님의 말씀을 말하고 하느님의 활동을 펼쳐 보인다고 해도 말입니다.

요한 복음서 도입부의 주제는 말씀, 곧 세상에 생명과 빛을 가져다주는 말씀입니다. 그러나 하느님께 있어 말씀하시는 것은 곧 행하시는 것이기에, 그분의 말씀이 말뿐만 아니라 행위로도 드러난다는 사실에 우리는 놀라지 않을 것입니다. 네 번째 복음서의 주제는 빛과 생명을 가져오는 예수의 말씀과 활동입니다. 이는 다름 아닌 하느님 자신의 말씀과

---

18   요한 6:35,48,51

19   요한 8:12, 9:5

20   요한 9장

21   요한 10:7,9

22   요한 11:25~26

활동이며, 그렇기에 하느님의 영광을 밝히 드러내는 계시입니다.[23]

> 그 말씀은 육신이 되어 우리 가운데 사셨다. 우리는 그의 영광을 보았다. 그것은 아버지께서 주신, 외아들의 영광이었다. 그는 은총과 진리가 충만하였다. (요한 1:14)

앞서도 언급했듯이 영광은 누군가의 본질이 무엇인가를 드러내는 한 방법입니다. 육신이 된 말씀은 하느님이신 말씀의 영광을 드러냅니다. 어떤 면에서는 요한 복음서 전체가 예수를 통해 드러난 하느님의 영광에 대해 말하고 있습니다. 이는 하느님께서 예수를 통해 영광 받으신다는 것을 의미하기도 하며 하느님께서 영광 받으실 때 그분이 어떤 분이신지를 참되게 알게 된다는 뜻이기도 합니다.

예수는 율법과 예언의 '성취'로 여겨집니다. 유대인의 신

---

23 "그러나 나에게는 요한의 증언보다 더 큰 증언이 있다. 아버지께서 나에게 완성하라고 주신 일들, 곧 내가 지금 하고 있는 바로 그 일들이, 아버지께서 나를 보내셨다는 것을 증언하여 준다. 또 나를 보내신 아버지께서 친히 나를 위하여 증언하여 주셨다. 너희는 그 음성을 들은 일도 없고, 그 모습을 본 일도 없다. 또 그 말씀이 너희 속에 머물러 있지도 않다. 그것은 너희가, 그분이 보내신 이를 믿지 않기 때문이다." (요한 5:36~38)

앙은 율법에 대해 순종하는 것뿐만이 아니라 특정 절기에 맞춰진 하느님을 향한 예배로도 표현되었습니다. 요한 복음서에 있어 흥미로운 점 가운데 하나는 이야기의 얼개가 앞선 세 복음서의 얼개와는 꽤 많이 다르다는 점입니다. 예수의 죽음과 부활 이야기는 부득이하게 가장 마지막에 나오지만, 그 이전의 상황 설정은 다를 때가 많습니다. 요한 복음서의 예수는 갈릴래아를 활동의 근거지로 삼기보다는 예루살렘에서 많은 시간을 보냅니다. 그는 예루살렘을 한번이 아니라 여러 번 방문합니다. 공관 복음에서는 과월절이 단 한 번 언급되며 이때 예수가 죽음을 맞이하는 반면, 요한은 이를 세 번 언급하며 세 번의 과월절 사이에 있었던 다른 절기들을 이야기하고 있습니다. 그 나머지 절기들은 요한 복음서의 이야기가 전개되는 데 중요한 역할을 담당합니다. 절기 축제들의 주제에 잘 맞아떨어지는 예수의 말과 기적들이 등장하기 때문이지요. 예를 들어 요한이 두 번째로 언급하는 과월절 즈음[24] 예수는 수많은 군중을 먹이고 빵을 주제로 설교합니다. 나아가 그는 이 빵을 이스라엘 백성이 광야에서 헤매었을 때 모세를 통해 하느님께서 그들에게 허락하신 빵에 견

---

[24] "마침 유대 사람의 명절인 과월절이 가까운 때였다." (요한 6:4)

줍니다. 그리고 예수는 자기 자신이 빵이라고 말합니다.

> 내가 생명의 빵이다. (요한 6:35)

당연하게도 모세와 예수를 비교하는 행위는 정통 유대인들에게 너무나 충격적인 일이었겠지요. 모세를 통해 율법이 주어졌고 예수를 통해 은총과 진리가 주어졌다는 프롤로그를 읽었기 때문에 저와 여러분은 이를 이해할 수 있는 것입니다. 예수가 "생명의 빵"이라는 주장은 과월절의 의미를 미루어 생각해 보았을 때 적절한 주장입니다. 과월절은 출애굽과 광야에서 만나를 선물로 받았던 사건과 연결되어 있습니다. 요한이 특별히 언급하는 다른 절기는 초막절[25]과 봉헌절[26]입니다. 초막절 절기 중에는 아침마다 실로암 연못에서 물을 길어다 성전 제단에 붓는 예식을 행했습니다. 아니나 다를까, 이때 예수는 자신이 생명의 물의 원천이라고 이야기합니다.[27] 봉헌절은 무너졌던 성전을 재건한 일을 기념하는 절기

---

25 "그런데 유대 사람의 명절인 초막절이 가까워지니" (요한 7:2)

26 "예루살렘은 성전 봉헌절이 되었는데, 때는 겨울이었다." (요한 10:22)

27 "명절의 가장 중요한 날인 마지막 날에, 예수께서 일어서서, 큰 소리로 말씀하셨다. '목마른 사람은 다 나에게로 와서 마셔라. 나를 믿는 사람은, 성경이 말한 바와 같이, 그의 배에서 생수가 강물처럼 흘러

입니다. 그런데 예수는 왜 이 절기에 자신의 생명을 자신의 양들을 위해 바친다는 말을 했던 것일까요? 우리는 이른바 성전 정화 사건을 이미 알고 있습니다. 요한은 이 사건을 예수의 첫 번째 예루살렘 방문 이야기 중에 배치해 둡니다. 여기서 예수는 성전이 자신의 몸을 상징하며 새로운 성전은 자신의 죽음과 부활로 지어질 것이라고 말합니다. 두 가지 생각을 합치면 하나의 은유가 탄생합니다. 양들에게 필요한 것은 새로운 성전이 아니라 새로운 우리, 양의 무리입니다. 예수의 죽음이라는 주제는 성전을 재건해 바친다는 봉헌절의 주제와 잘 맞아떨어집니다.

예수는 모든 절기의 성취이며, 그를 통해 하느님께서는 진정으로 예배를 받으시고 영광 받으십니다. 계속해서 말씀 드리지만, 프롤로그를 읽은 우리에게는 새삼스러울 게 없는 이야기지요. 예수 안에서 하느님의 영광이 밝히 드러났음을 이미 알고 있기 때문입니다. 우리는 예수를 통해 하느님의 참모습을 볼 뿐 아니라 예수가 하느님께 진정으로 영광을 돌리는 사람임을 압니다.

나올 것이다.' 이것은 예수를 믿은 사람이 받게 될 성령을 가리켜서 하신 말씀이다. 예수께서 아직 영광을 받지 않으셨으므로, 성령이 아직 사람들에게 오시지 않았다." (요한 7:37~39)

하지만 이 복음서 저자에게 거룩한 영광의 계시는 특정한 한 사건, 십자가 사건에 집중되어 있습니다. 오늘날 우리는 《주가 지신 십자가를》In the cross of Christ I glory과 같은 찬송을 눈 하나 깜짝하지 않고 별 감흥없이 부릅니다. 이는 십자가를 영광으로 보는 것이 얼마나 기이한 일인지 잊어버렸음을 드러냅니다. 십자가는 사형수를 고통스러운 과정을 거쳐 죽음에 이르게 할뿐더러, 그에게 수치심과 모멸감을 주기 위해 고안된 처형 도구입니다. 아마도 '영광'이라는 말은 십자가에서의 죽음을 묘사할 때 가장 어울리지 않는 단어일 것입니다. 루가는 이를 논리적으로 서술하기 위해 예수가 영광에 이르기 전에 먼저 고통을 견뎌야 했다고 말합니다.[28] 그러나 요한 복음서에서 두 주제는 하나로 합쳐졌습니다. 그는 동사 '들어 올려지다'의 중의적 의미를 활용합니다. 예수는 십자가에 들어 올려지는 동시에 영광으로 들어 올려졌습니다.[29] 요한이 예수 혹은 하느님이 영광을 받으신다는 말을 할

---

28 "예수께서는 그들에게 말씀하셨다. '어리석은 사람들입니다. 예언자들이 말한 모든 것을 믿는 마음이 그렇게도 무디니 말입니다. 그리스도가 마땅히 이런 고난을 겪고서, 자기 영광에 들어가야 하지 않겠습니까?'" (루가 24:25~26)

29 요한 3:14, 8:28, 12:32,34

때, 이는 예수의 죽음을 언급하는 것일 때가 많습니다.[30] 십자가는 하느님의 본성이 궁극적으로 드러난 사건, 곧 하느님의 사랑과 세상을 구원하시려는 하느님의 목적이 궁극적으로 드러난 사건이기 때문입니다.[31] 하느님의 본성이 십자가에서 드러나기 때문에 그분이 영광을 받으시는 것 또한 십자가를 통해서입니다. 예수는 모든 활동을 통해 하느님의 영광을 드러냈지만, 그 활동의 정점은 십자가였습니다. 그러므로 하느님의 결정적이며 궁극적인 영광이 드러나는 때는 이야기의 마지막 순간입니다. 모든 것은 이 마지막 순간의 서곡이며 이 순간을 가리키고 있습니다. 세례자 요한이 처음으로 예수를 세상의 죄를 없앨 하느님의 양으로 지목했을 때부터 말입니다.[32] 예수는 자신이 죽음을 맞이하는 때를 기다려 왔습니다. 바로 이것이 그가 이 땅에 온 이유입니다.[33]

요한 복음서의 저자는 자신만의 서문을 통해 우리가 이

---

30 요한 7:39, 12:16,23,28, 13:31, 17:1

31 요한 12:28, 13:31, 14:13, 17:1

32 "다음 날 요한은 예수께서 자기에게 오시는 것을 보고 말하였다. '보시오, 세상 죄를 지고 가는 하느님의 어린 양입니다.'"(요한 1:29)

33 "'지금 내 마음이 괴로우니, 무슨 말을 하여야 할까? 아버지, 이 시간을 벗어나게 하여 주십시오' 하고 말할까? 아니다. 나는 바로 이 일 때문에 이 때에 왔다.'"(요한 12:27)

복음서 전체를 이해할 수 있게 해주는 열쇠를 건네주었습니다. 태초에 등장했던 말씀, 그리고 역사를 통해 울려 퍼졌던 그 말씀이 이제 예수라는 인물 안에서 육신이 되었음을 받아들인다면, 우리는 예수의 말과 활동이 곧 하느님 당신의 활동임을 이해하게 될 것입니다. 세상이 창조되던 때 어둠 속을 비추던 빛, 하느님께서 온 역사를 통해 스스로를 당신의 백성에게 계시하실 때 비추던 빛이 예수의 삶과 죽음 가운데 환히 비추었으며, 그렇기에 어둠은 빛을 이겨 본 적이 없습니다. 하느님의 영광이 가장 밝게 드러난 순간은 역설적이게도 십자가에서 이뤄진 마지막 승리에 있습니다. 요한 복음서에서 예수가 죽기 전 마지막으로 내뱉은 말은 승리에 찬 외침입니다.

이제 다 이루었다. (요한 19:30)

다른 무엇보다 우리가 십자가에서 보게 되는 것은, 저 영광이 하느님의 외아들에게도 있다는 것입니다. 십자가를 통해 우리는 그가 은총과 진리의 진정한 현현이었음을 알게 됩니다. 요한 복음서를 여는 문단들은 예수의 이 '영광스러운' 죽음에서 모든 것이 성취됨을 보여줍니다.

나오며

    네 명의 복음서 저자는 유사한 본문을 전하지만, 복음에 대한 매우 다른 네 가지 해석을 제공합니다. 하지만 그들의 목적은 동일합니다. 예수의 활동과 죽음, 부활에 관한 이야기를 통해 그에 관한 기쁜 소식을 전하는 것입니다. 그들이 가진 공통점은 자신의 이야기를 서문 혹은 '프롤로그'로 시작한다는 점입니다. 이는 어떤 면에서는 이어지는 내용과 동떨어져 보일지도 모릅니다. 그러나 실제로 서문은 각 복음서의 핵심 부분입니다. 네 가지 서문이 전하는 정보는 매우 유사하면서도 동시에 현저하게 다릅니다. 정보를 전하는 방식도 매우 다릅니다. 마르코 복음서 도입부는 예수의 활동으로 곧장 이어지는 장면들로 제시됩니다. 마태오는 족보, 탄생 이야기와 구약성서 인용구를 통해, 루가는 마태오와는 매우 다른 탄생 이야기와 예언을 통해 도입부를 구성합니다. 요한은 신학적 진술을 통해 복음서를 열고 있지요. 이 '프롤로그'들이 복음서들을 여는 열쇠라면 올바른 열쇠를 가지는 것이 매우 중요합니다. 마르코가 제공한 열쇠는 요한 복음서를 이해하는 데 거의 쓸모가 없고, 그 반대의 경우도 마찬가지입니다. 마태오의 탄생 이야기는 루가가 아니라 마태오의 목적에 부합하며, 루가의 이야기 역시 마태오의 의도를 해명하는 데 별다른 도움을 주지 못할 것입니다.

어쩌면 복음서 저자들의 기획이 너무 성공적이었던 것은 아닐까 생각해 봅니다. 우리는 그들이 도입부에서 제공한 자료들로 나머지 이야기를 조명하면서도, 이내 그들이 우리에게 준 것이 뒤따르는 내용과는 구별되는 '특별한 정보'였음을 까맣게 잊곤 합니다. 그 결과 우리는 이야기 속 인물들이 우리에게는 명확하게 보이는 바를 깨닫지 못한다는 사실에 혼란스러워하고, 깨닫지 못하는 그들의 모습을 비난하곤 했습니다. 이야기 속 인물들이 우리가 이미 알고 있는 정보를 갖고 있지 않다는 사실을 잊어버린 것이지요. 예수가 메시아이며 하느님의 아들, 구약성서의 희망과 약속의 성취, 하느님의 영 안에서 활동하는 인물이라는 사실 말입니다. 어쩔 수 없는 일이었을지도 모릅니다. 복음서 이야기를 여러 번 반복해 읽은 그리스도교인들이라면 소 잃고 외양간 고치는 마음으로 읽는 수밖에요. 우리는 갈릴래아를 배회하는 낯선 설교자이자 치유자가 바로 고대하던 메시아임을 압니다. 또한 우리는 네 번째 복음서 저자를 통해 예수가 육신이 된 말씀이자 하느님 아버지의 아들이기에 예수에 관한 저 엄청난 주장들이 진실임을 압니다. 우리는 신학적 진술임이 분명한 요한 복음서 1장 1~18절은 제쳐두고, 서문들을 이야기의 단순한 한 부분으로 생각하며 본문을 읽고, 서문이 복음서 전체에 관해 알려주고 조명하는 특별한 역할을 한다는 것을 무시해 왔습니다.

이 책이 독자 여러분에게 복음서 저자들이 자신들의 책에 담긴 신비를 풀 열쇠를 준비한 의도와 그 의미를 이해하는 데 도움이 되었기를, 그리고 이를 통해 여러분들이 그들이 전한 이야기와 거기 담긴 메시지에 더 가까이 다가서게 되기를 바랍니다.

더 읽어보기

단행본

· Margaret Davies, *Matthew*, JSOT Press 1993.

· Joel B. Green, *The Theology of the Gospel of Luke*, Cambridge University Press 1995.

· Morna D. Hooker, *The Message of Mark*, Epworth Press 1983.

· Jack Dean Kingsbury, *Matthew as Story*, Fortress Press 1988.『이야기 마태복음』(요단출판사)

· R. H. Lightfoot, *The Gospel Message of St. Mark*, Oxford University Press 1950.

· Barnabas Lindars, John, *New Testament Guides*, JSOT Press 1990.『요한복음』(이레서원)

· Ulrich Luz, *The Theology of the Gospel of Matthew*, Cambridge University

Press 1995.『마태공동체의 예수이야기』(대한기독교서회)

· I. H. Marshall, *Luke: Historian and Theologian*, Paternoster Press 1970.
『누가행전』(엠마오)

· Francis J. Moloney, *Beginning the Good News*, St Paul Publications 1992.

· Neil Richardson, *The Panorama of Luke*, Epworth Press 1982.

· John Riches, Matthew, *New Testament Guides*, JSOT Press 1996.

· S. S. Smalley, *John: Evangelist and Interpreter*, Paternoster Press 1978.『요
한 신학』(생명의샘)

· D. Moody Smith, *The Theology of the Gospel of John*, Cambridge
University Press 1995.『요한복음의 신학』(한들)

· W. R. Telford, Mark, *New Testament Guides*, JSOT Press 1995.

· C. M. Tuckett, Luke, *New Testament Guides*, JSOT Press 1996.『누가복
음』(이레서원)

· Loveday Alexander, *The Preface to Luke's Gospel: Literary convention and social context in Luke 1.1~4 and Acts 1.1*, SNTS Monograph 78, Cambridge University Press 1993.

· —, 'Luke's Preface in the Context of Greek Preface- Writing', *Novum Testamentum* 28, 1986, 48~74.

· C. K. Barrett, 'The Prologue of St John's Gospel', *New Testament Essays*, SPCK 1972, 27~48.

· G. G. Bilezikian, *The Liberated Gospel: A Comparison of the Gospel of Mark and Greek Tragedy*, Baker Book House 1977.

· Peder Borgen, 'Observations on the Targumic Character of the Prologue of John', *New Testament Studies* 16, 1970, 288~295.

· Raymond E. Brown, *The Birth of the Messiah*, Geoffrey Chapman 1993.

· D. Earl, 'Prologue-form in Ancient Historiography', *Aufsteig und Niedergang der Romischen Welt* 1.2 1972, 842~856.

· Stephen Farris, *The Hymns of Luke's Infancy Narratives*, JSNT Supplement 9, JSOT Press, 1985.

· Morna D. Hooker, 'John the Baptist and the Johannine Prologue', *New Testament Studies* 16, 1970, 354~358.

· Morna D. Hooker, 'The Johannine Prologue and the Messianic

Secret', *New Testament Studies* 21, 1974, 40~58.

· —, The Beginning of the Gospel', *The Future of Christology: Essays in honor of Leander E. Keck*, Fortress Press 1993, 18~28.

· Marshall D. Johnson, *The Purpose of the Biblical Genealogies*, SNTS Monograph 8, Cambridge University Press 1988.

· L. E. Keck, 'The Introduction to Mark's Gospel', *New Testament Studies* 12, 1966, 352~370.

· Rene Laurentin, *Structure et Theologie de Luc I-II*, Gabalda 1957.

· Paul S. Minear, 'Luke's Use of the Birth Stories', *Studies in Luke-Acts*, Abingdon Press 1966 and SPCK 1968, 111~130.

· H. H. Oliver, 'The Lucan Birth Stories and the Purpose of Luke-Acts', *New Testament Studies* 10, 1964, 202~216.

· David Rhoads and Donald Michie, *Mark as Story*, Fortress 1982. 『이야기 마가』(이레서원)

· John A. T. Robinson, 'The Relation of the Prologue to the Gospel of St John', *New Testament Studies* 9, 1963, 120~129, reprinted in *Twelve More New Testament Studies*, SCM Press 1984, 65~76.

· Dennis E. Smith, (ed.), 'How Gospels Begin, *Semeia* 52, Society for Biblical Literature 1991.

· K. Stendahl, 'Quis et Unde?', reprinted in *The Interpretation of Matthew*, T.&T. Clark 1995, 56~66.

우린 탐험을 멈추지 않으리
또 우리 모든 탐험 끝에
우리 시작한 곳 도달하여
그곳을 처음으로 알게 되리.

T. S. 엘리엇, 『네 편의 사중주』, 리틀 기딩 5 中

복음의 시작

- 도입부로 읽는 네 편의 복음서

초판 1쇄 │ 2020년 1월 31일
　　2쇄 │ 2022년 2월 5일

지은이 │ 모나 D. 후커
옮긴이 │ 양지우

발행처 │ 비아
발행인 │ 이길호
편집인 │ 김경문
편　집 │ 민경찬 · 양지우
검　토 │ 박용희 · 손승우 · 정다운
제　작 │ 김진식 · 김진현 · 이난영
재　무 │ 강상원 · 이남구 · 김규리
마케팅 │ 유병준 · 김미성
디자인 │ 손승우

출판등록 │ 2020년 7월 14일 제2020-000187호
주　소 │ 서울시 강남구 봉은사로 442 75th Avenue 빌딩 7층
주문전화 │ 010-3210-7834
팩　스 │ 02-395-0251
이메일 │ timebooks@t-ime.com

ISBN │ 978-89-286-4670-8 04230
　　　 978-89-286-2921-3 (세트)
한국어판 저작권 ⓒ 2020 ㈜타임교육C&P